Coleção
Reflexões Jurídicas

Coordenadores
Luís Greco
Adriano Teixeira

CB077542

LUÍS GRECO

AS RAZÕES DO DIREITO PENAL. QUATRO ESTUDOS

Organização e Tradução

EDUARDO VIANA

LUCAS MONTENEGRO

ORLANDINO GLEIZER

Marcial Pons

MADRI | BARCELONA | BUENOS AIRES | SÃO PAULO

Coleção Reflexões Jurídicas
Coordenadores
Luís Greco
Adriano Teixeira

As razões do direito penal. Quatro estudos
Luís Greco

Organização e Tradução
Eduardo Viana / Lucas Montenegro / Orlandino Gleizer

Produção e Editoração eletrônica
Ida Gouveia / HBLYZ / Oficina das Letras®

Todos os direitos reservados. Proibida a reprodução total ou parcial, por qualquer meio ou processo – Lei 9.610/1998.

CIP-Brasil. Catalogação na Publicação
Sindicato Nacional dos Editores de Livros, RJ

G829p
Greco, Luís
As razões do direito penal. Quatro estudos / Luís Greco ; tradução e organização: Eduardo Viana; Lucas Montenegro; Orlandino Gleizer. - 1. ed. - São Paulo: Marcial Pons, 2019.

ISBN 9788566722659

1. Direito Penal. 2. Criminologia. I. Greco, Luís. II. Título. III. Série.

17-45580 CDU:345.001

© Luís Greco
© MARCIAL PONS EDITORA DO BRASIL LTDA.
www.marcialpons.com.br

Impresso no Brasil

Referências dos originais

Dogmática e Ciência do Direito Penal

Original: Strafrechtsdogmatik, Strafrechtswissenschaft, in: Rescriptum – Münchener Studentische Rechtszeitschrift 5 (2014), pp. 139-142.

O que é tortura?

Original: Was ist Folter?, in: Hefendehl/Hörnle/Greco (coords.), Streitbare Strafrechtswissenschaft. Festschrift für Bernd Schünemann, DeGruyter, Berlin/Boston, 2014, pp. 69-82.

Opõe-se o princípio da culpabilidade à penalização de pessoas jurídicas? – Reflexões sobre a conexão entre pena e culpabilidade

Original: Steht das Schuldprinzip der Einführung einer Strafbarkeit juristischer Personen entgegen? Zugleich Überlegungen zum Verhältnis von Strafe und Schuld, in: GA 2015, pp. 503-516.

Punição da cumplicidade por meio de ações neutras apenas em caso de alta probabilidade do fato principal? – Reflexões por ocasião de uma decisão do Bundesgerichtshof (5 StR 468/12)

Original: Strafbarkeit der berufsbedingten bzw. neutralen Beihilfe erst bei hoher Wahrscheinlichkeit der Haupttat? – Überlegungen aus Anlass von BGH 5 StR 468/12, in: wistra 2015, pp. 1-7.

Autor e Organizadores/Tradutores

Luís Greco (1978) é professor catedrático de direito penal, direito processual penal, direito penal estrangeiro e teoria do direito penal na Universidade Humboldt, de Berlim; ex-professor titular de direito penal, direito processual penal e direito penal econômico na Universidade de Augsburg; habilitação (orientador: Bernd Schünemann), doutorado e LL.M. (orientador em ambos: Claus Roxin) na Ludwig-Maximilians-Universität de Munique; graduação em direito na UFRJ e na Ludwig-Maximilians-Universität de Munique.

Eduardo Viana (1980) é professor adjunto de direito penal da Universidade Estadual de Santa Cruz-BA, UESC, e da Faculdade Independente do Nordeste, FAINOR-BA; atualmente realiza estudos pós-doutorado na Universidade Humboldt, de Berlim (sob orientação de Luís Greco); doutorado pela Universidade do Estado do Rio de Janeiro, UERJ (orientadora: Patrícia Glioche), com estadia de investigação na Universidade Pompeu Fabra de Barcelona (sob a orientação de Silva Sánchez) e na Universidade de Augsburg (sob a orientação de Luís Greco); mestre pela Universidade do Estado do Rio de Janeiro, UERJ (orientador: Carlos Eduardo A. Japiassú); graduação em direito na Faculdade de Direito de Valença, FDV.

Lucas Montenegro (1989) é assistente científico na cátedra de direito penal, filosofia e teoria do direito da Universidade Martinho Lutero, de Halle e Wittenberg (titular da cátedra: Joachim Renzikowski); doutorando na Universidade Humboldt, de Berlim (orientador: Luís Greco); LL.M. na Universidade Georg August, de Göttingen (orientador: Dietmar von der Pfordten); graduação pela Universidade Federal do Ceará.

Orlandino Gleizer (1989) é assistente científico na cátedra de direito penal, processual penal, teoria do direito, direito da informação e informática do direito na Julius-Maximilians-Universität de Würzburg (titular da cátedra: Eric Hilgendorf); doutorando na Universidade Humboldt, de Berlim (orientador: Luís Greco); LL.M. na Universidade de Augsburg (orientador: Luís Greco); mestre pela Universidade do Estado do Rio de Janeiro, UERJ (orientador: Davi Tangerino); graduação pela Pontifícia Universidade Católica do Rio de Janeiro, PUC-RJ.

APRESENTAÇÃO DOS ORGANIZADORES/TRADUTORES

Esta coletânea oferece ao público brasileiro recentes artigos de autoria de Luís Greco. Publicados originalmente em língua alemã e pela primeira vez traduzidos para o português, os textos foram revisados e levemente adaptados pelo próprio autor. Aos artigos foram adicionadas algumas notas de tradutor, com o fim, sobretudo, de contextualizar o leitor brasileiro quando são feitas referências ao direito alemão.

O primeiro deles, *Dogmática e ciência do direito penal*, publicado em 2014, teve como ensejo a celebração do septuagésimo aniversário de Bernd Schnünemann, professor e orientador de Luís Greco em sua tese de livre-docência. Em vez de uma celebração laudatória, Luís Greco confere à ocasião um caráter metodológico: a reflexão sobre a razão de ser do professor e do aparato institucional à sua disposição abre um caminho inusitado que leva aos conceitos de dogmática e ciência jurídica. Uma demonstração de que o maior elogio à ciência é seu próprio exercício.

No artigo seguinte, *O que é tortura?,* como o título permite intuir, o autor dedica-se à pergunta sobre o conceito de tortura. Servindo-se de uma metodologia que conduz o leitor do abstrato ao concreto, o autor parte de requisitos metateóricos, mas também maneja o aparato normativo para responder à pergunta sobre o que é tortura. Ao final, a correção e rendimento da proposta conceitual são testadas em casos concretos. Uma possível argumentação a favor da natureza absoluta da proibição de tortura, inclusive com suas consequências para o direito penal (p. ex., em situações justificantes excepcionais), ganha, com o conceito proposto, um suporte mais sólido.

No terceiro, *O princípio da culpabilidade contrapõe-se à penalização de pessoas jurídicas?*, Luís Greco expõe sua opinião sobre o controvertido tema da penalização de pessoas jurídicas. O esforço de resolver a questão o leva a apresentar suas ideias originais sobre os conceitos de pena e culpabilidade, bem como a natureza da relação entre ambas. Alerta, ao final, para o risco que se corre ao manejar os termos pena e culpabilidade de forma imprópria, tomando como ponto de apoio a comparação entre o uso que alguns sistemas jurídicos fazem desses termos e o respectivo modelo de imputação que adotam.

O último artigo, *Punição da cumplicidade neutra apenas em caso de alta probabilidade do fato principal?*, oferece uma análise de uma decisão do BGH (tribunal alemão equivalente ao STJ) sobre a punibilidade do que se convencionou chamar de cumplicidade neutra. A decisão, criticada tanto em sua fundamentação quanto no resultado, serve de ocasião para demonstrar o desempenho teórico do critério da idoneidade desenvolvido pelo autor. O texto é um exemplo da tarefa crucial de vigilância que cabe à academia jurídica, um exemplo do exercício da razão como o quarto poder de que fala Luís Greco no primeiro artigo. Em tempos de crise institucional no Brasil, não é difícil enxergar o preço que pagamos por negligenciar essa tarefa.

Realizada essa breve apresentação do conteúdo que o leitor encontrará neste volume, pareceu-nos interessante fazer mais alguns esclarecimentos sobre o conteúdo da obra que o leitor tem em mãos. Se nós, tradutores, merecemos a censura por eleger um critério que, à primeira vista, parece reunir artigos que têm pouco em comum, que nos seja dada ao menos a chance de reverter essa aparente disparidade de temas em favor do autor traduzido.

O interesse científico de Luís Greco estende-se por um amplo espectro de temas, como demonstram os artigos traduzidos. Engana-se, no entanto, quem supõe que o autor só tem soluções pontuais a oferecer, meras respostas *ad hoc* para determinados problemas, que não se relacionam entre si nem se deixam reconduzir a princípios e ideias fundamentais. Os textos traduzidos não são uma exceção.

Sem nenhuma pretensão de esgotamento, tomemos um exemplo partindo de sua tese de doutorado *O vivo e o morto na teoria da pena de Feuerbach* (publicações em alemão e espanhol). Luís Greco elege, como uma das epígrafes de seu livro, a seguinte frase de Eberhard Schmitt: "toda a história do direito gira em torno da oposição entre poder e direito, entre finalidade e justiça". De uma forma ou de outra, os artigos traduzidos se vinculam à forma como Luís Greco compreende essa relação entre poder e direito, entre consequencialismo e deontologia em direito penal.

O primeiro texto define direito como "a tentativa de subordinar o poder a razões" e prescreve à ciência jurídica, em especial à ciência jurídico-penal, um papel chave nesse sentido. Direito não é mera facticidade, é uso do poder amparado em razões. O conceito de tortura proposto deixa entrever a argumentação a favor de limites deontológicos, espaços de proteção inacessíveis à atividade do Estado, que não se deixam justificar nem eliminar por considerações de ordem consequencialista. A ideia de que pena é a perda de um direito inato em razão de um comportamento falho, defendida no terceiro artigo, situa o foco da atenção nesse limite entre poder e direito, entre exercício legítimo de coação e puro arbítrio. Por fim, as considerações do último artigo exemplificam a contraface dos limites deontológicos, as considerações consequencialistas que fundamentam a ideia de proteção de bens jurídicos. O conceito material de delito ou, como Luís Greco prefere denominar, os fins da pena de primeira ordem são trazidos à tona para resolver o problema da cumplicidade por ações neutras.

Esperamos que esta coletânea, portanto, seja não só uma oportunidade para que o público brasileiro reflita sobre os diferentes temas abordados, mas também que sirva como estímulo para se debruçar sobre o pensamento de um autor que tem coragem e originalidade para pensar o direito de uma forma abrangente, preocupando-se em arrastar o peso de suas repostas a problemas fundamentais até casos e problemas concretos.

Por fim, algumas breves palavras de agradecimento. A ideia que nos moveu ao traduzir os textos é a de que, de modo semelhante à atitude tomada por Luís Greco em relação ao seu professor no primeiro artigo, muito mais do que palavras ou elogios, vale aqui o esforço de realizar traduções as mais precisas e fiéis possíveis. Agregado aos textos traduzidos, vai o nosso mais sincero e profundo agradecimento.

Os organizadores/tradutores,

EDUARDO VIANA

LUCAS MONTENEGRO

ORLANDINO GLEIZER

Augsburg, fevereiro de 2017.

ALGUMAS PALAVRAS DO AUTOR

A iniciativa de meus alunos e amigos, Eduardo Viana, Lucas Montenegro e Orlandino Gleizer, da qual é resultado o presente livro, enche-me de alegria, orgulho e gratidão. Uma vez que parece quase sacrílego acrescentar qualquer parágrafo à bela introdução com que me honraram, serei extremamente breve, limitando-me, em especial, a mencionar algo sobre o contexto em que escrevi cada um dos textos aqui compilados.

O primeiro deles, sobre "Dogmática e Ciência do Direito Penal" foi destinado à revista *Rescriptum*, uma publicação dos estudantes da Faculdade de Direito da Ludwig-Maximilians-Universität, de Munique, na qual me formei, doutorei-me e habilitei-me (não exatamente nessa ordem). Esse estudo, o mais curto dos três, foi aquele a que menos acrescentei adaptações tendo em vista o público brasileiro, uma vez que não queria acrescentar assimetrias à estrutura do texto. Por isso, acrescentei algumas notas, explicando os aspectos da realidade acadêmica alemã que o original podia dar por conhecidos.

Nos outros textos, tomei maiores liberdades no sentido de adaptá-los para o leitor brasileiro. O segundo texto, sobre o conceito de tortura, complementa trabalho anterior sobre a legitimidade desse instituto.[1] Uma síntese do argumento do terceiro texto, sobre culpa-

1. As regras por trás da exceção: reflexões sobre a tortura nos chamados "casos de bomba-relógio", in: *Revista Brasileira de Ciências Criminais* 78

bilidade e pessoa jurídica, acaba de ser publicada;[2] a versão completa do trabalho é, contudo, a que o leitor agora tem em mãos. O último artigo, sobre a cumplicidade por meio de ações neutras, é um retorno ao tema a que dediquei meu primeiro livro.[3]

Por fim, esse não é apenas um lugar para agradecimentos, como também para desculpar-me. Os dois anos e meio que passei na Universidade de Augsburg foram de intenso convívio com os três organizadores/tradutores do presente livro. A ideia original, segundo vejo, teria sido publicar o livro como um pequeno documento desse convívio, quando ainda de sua duração; o trabalho foi concluído em fevereiro de 2017. Uma sobrecarga de afazeres, da qual fez parte também minha mudança para a Humboldt-Universität zu Berlin em outubro de 2017, fez com que eu só conseguisse proceder às adaptações que pensava necessárias agora, mais de um ano depois. Devo, assim, mais do que um obrigado, um sincero pedido de desculpas, que espero os três possam aceitar.

Berlim, setembro de 2018.

LUÍS GRECO

(2009), pp. 7 e ss.; também disponível online em versão espanhola, Las reglas detrás de la excepción. Reflexiones respecto de la tortura en los grupos de casos de las ticking time bombs, trad. Eduardo Javier Riggi, in: InDret 4/2007, Nr. 423, p. 1 e ss.

2. Por que é ilegítimo e quase de todo inconstitucional punir pessoas jurídicas, in: Busato (org.), Seminário Brasil-Alemanha Responsabilidade Penal de Pessoas Jurídicas, Florianópolis, 2018, p. 69 e ss.

3. Cumplicidade através de ações neutras: a imputação objetiva na participação, Rio de Janeiro, 2004.

SUMÁRIO

SIGLAS E ABREVIATURAS

AEUV = Vertrag über die Arbeitsweise der Europäischen Union (Tratado de Funcionamento da União Europeia)

AöR = Archiv des öffentlichen Rechts (periódico)

AT = Allgemeiner Teil (Parte Geral)

BayPAG = Gesetz über die Aufgaben und Befugnisse der Bayerischen Staatlichen Polizei (Lei sobre as atribuições e competências da Polícia do Estado da Baviera)

BDG = Bundesdisziplinargesetz (Lei disciplinar federal)

BeckRS = Beck online Rechtsprechung (repertório online de jurisprudência)

BGB = Bürgerliches Gesetzbuch (Código Civil alemão)

BGH = Bundesgerichtshof (Corte Federal de Justiça, tribunal equivalente ao nosso Superior Tribunal de Justiça)

BGHSt = Entscheidungen des Bundesgerichtshofs in Strafsachen (repertório oficial de jurisprudência do BGH em matéria penal)

BVerfG = Bundesverfassungsgericht (Tribunal Constitucional Federal)

BVerfGE = Entscheidungen des Bundesverfassungsgerichts (Decisões do Tribunal Constitucional Federal)

CCZ = Corporate Compliance Zeitschrift (periódico)
Cf. = Conferir
CF = Constituição Federal
Coord. = Coordenação
Coords. = Coordenadores
CP = Código Penal
Ed. = Editora
EinlALR = Einleitung zum Allgemeinen Landrecht für die Preußischen Staaten (Introdução ao direito geral dos Estados da Prússia)
FS = Festschrift (estudos em homenagem a)
GA = Goltdammer's Archiv für Strafrecht (periódico)
GG = Grundgesetz (Lei Fundamental)
HmbSOG = Gesetz zum Schutz der öffentlichen Sicherheit und Ordnung (Lei para a proteção da ordem e segurança públicas de Hamburgo)
JA = Juristische Arbeitsblätter (periódico)
JR = Juristische Rundschau (periódico)
JuS = Juristische Schulung (periódico)
JZ = Juristenzeitung (periódico)
KritJ = Kritische Justiz (periódico)
KritV = Kritische Vierteljahersschrift für Gesetzgebung und Rechtsprechung (periódico)
Lfg. = Lieferung
LG = Landgericht (Tribunal do Land)
LK-StGB = Leipziger Kommentar zum Strafgesetzbuch (comentário ao Código Penal alemão)
MüKo-StGB = Münchener Kommentar zum Strafgesetzbuch (comentário ao Código Penal alemão)
MüKo-BGB = Münchener Kommentar zum Bürgerlichen Gesetzbuch (comentário ao Código Civil alemão)

NJW = Neue Juristische Wochenschrift (periódico)

NK-StGB = Nomos Kommentar zum Strafgesetzbuch (comentário ao Código Penal alemão)

nm. = número de margem

NStZ = Neue Zeitschrift für Strafrecht (periódico)

NStZ-RR = Neue Zeitschrift für Strafrecht – Rechtsprechungsreport (revista de jurisprudência)

N.T. = Nota do tradutor

NZWiSt = Neue Zeitschrift für Wirtschafts-, Steuer- und Unternehmensstrafrecht (periódico)

OWiG = Gesetz über Ordnungswidrigkeiten (Lei de Contravenções Penais alemã)

PLS = Projeto de Lei do Senado

RBCC = Revista Brasileira de Ciências Criminais

RECPC = Revista Electrónica de Ciencia Penal y Criminología

SchwZStR = Schweizerische Zeitschrift für Strafrecht (periódico)

StGB = Strafgesetzbuch (Código Penal alemão)

STF = Supremo Tribunal Federal

STJ = Superior Tribunal de Justiça

StPO = Strafprozessordnung (Código de Processo Penal alemão)

StV = Strafverteidiger (periódico)

TEDH = Tribunal Europeu de Direitos Humanos

Vol. = Volume

Wistra = Zeitschrift für Wirtschafts- und Steuerstrafrecht (periódico)

ZIS = Zeitschrift für internationale Strafrechtsdogmatik (periódico)

ZStW = Zeitschrift für gesamte Strafrechtswissenschaft (periódico)

DOGMÁTICA E CIÊNCIA DO DIREITO PENAL

A BERND SCHÜNEMANN, POR OCASIÃO DE SEUS 70 ANOS EM 1º DE NOVEMBRO DE 2014

I.

A primeira dificuldade que toda tomada de posição relacionada à dogmática e à ciência do direito encontra é a ausência de um conteúdo claro para esses conceitos. Eu não quero discutir palavras.[1] Evitarei, aqui, problemas conceituais, tentando encontrar um acesso diferente aos fenômenos a serem discutidos. Esse acesso se dará por meio da *atividade* que os *professores de direito, enquanto professores de direito, exercem nas universidades alemãs.* A expressão "enquanto professores de direito" indica que não pretendo limitar-me à descrição de uma situação real, mas ao mesmo tempo elaborar um conceito que, de forma ideal, esteja, pelo menos implicitamente, subjacente aos fenômenos.

1. Como já foi observado em fascículos anteriores dessa revista, ver *Lepsius*, rescriptum 2013/1, 71 (71); *Rieble*, Rescriptum 2013/2, 163 (163 s.).

A atividade dos professores de direito se revela problemática quando se observa tudo o que ela implica. Socialmente, o título de professor porta uma autoridade especial. Os contribuintes são obrigados a financiar não apenas professores, mas toda a sua equipe, incluindo membros da cátedra ou do instituto e a respectiva infraestrutura. Aquele que deseja essa profissão precisa de fôlego para trilhar um caminho em que terá de produzir dois grossos livros, sem a garantia de, no final, ser recompensado pelo seu esforço.[2] É necessário justificar à sociedade, aos contribuintes e à nova geração profissional por que eles devem respeito, dinheiro e tempo de vida ao professor.

II.

1. Poder-se-ia dizer que os professores educam os futuros juristas. No entanto, isso também é feito pelo docente não-professor, que dá aulas na universidade (Lehrbeauftragter), e até mesmo pelo repetidor, que ensina fora dela. A universidade não precisaria ser mais do que um curso técnico para cumprir de forma adequada essa tarefa. Uma segunda tentativa: são os professores que, por seu trabalho interpretativo, tornam manuseável o direito positivo.[3] Mas a necessidade é a mãe da criatividade: os práticos aprendem como manusear seus instrumentos, eles escrevem artigos e comentários, com ou sem a "ajuda" dos professores.[4] Por isso, há quem prefira

2. Na Alemanha, a palavra Professor compreende, fundamentalmente, apenas o professor titular (detentor de uma *Professur*) e o catedrático (detentor de um *Lehrstuhl*). Somente pode ostentar essa titulação quem é nela investido por uma universidade, o que, em princípio, apenas ocorrerá depois de um doutorado e de uma habilitação, consistentes, cada qual, principalmente em respectivas teses – os dois grossos livros de que fala o texto – e do êxito em um concurso em outra universidade, diversa daquela em que o candidato se habilitou. A idade tida como normal para que se inicie a carreira de professor está, assim, em torno dos 40 anos. A atividade docente na universidade não é exercida apenas pelos professores, como também pelos assistentes científicos (wissenschaftliche Mitarbeiter) adscritos às cátedras e pelos Lehrbeauftragte, literalmente: encarregados de docência, que são juristas práticos que cultivam uma relação de proximidade com a universidade.

3. Assim *Augsberg*, rescriptum 2014/1, 63 (64): a dogmática "garante, sobretudo, que pelo menos se possa decidir".

4. Ver (bem exagerado) *Fischer*, em: Michalke et alii (Orgs.), Festschrift für Hamm, 2008, p. 63 ss.; de forma crítica, *Schünemann*, GA 2011, 445.

outra resposta, que é também correta. Os professores fazem mais: eles fazem ciência do direito.

2. O que é essa tal *ciência do direito* que fazem os professores, enquanto professores? Incontestável, por enquanto, é que ela é mais do que didática e prática.

a) A ciência do direito trata daquilo que é *direito*, ou seja, do direito enquanto direito. A ordem jurídica é uma ordem coativa; entretanto, ela não quer ser apenas isso, porque o bando de ladrões de Santo Agostinho também o é.[5] Todo aquele que possui poder pode coagir; o direito começa no momento em que o poderoso se esforça para justificar sua coação e precisamente em relação àquele a quem ela afeta. Direito é a tentativa de domar o poder por razões, ou melhor, de reconduzir a pura faticidade da *voluntas* à altura da *ratio*. Porque a vontade do poderoso só a ele interessa; a ela o afetado só pode opor sua própria vontade, que é fraca por definição. A relação entre os dois permanece uma relação de poder, o mais forte vence, o mais fraco se curva. Entretanto, se o poderoso atua no plano da razão, ele não diz um simples "eu quero", mas também um "porquê", surgindo uma relação de direito, que não mais compele o mais fraco à obediência, mas passa a merecer o reconhecimento de um ser racional.

Mas e quanto aos termos "decisões valorativas do legislador" e "decisões judiciais", que nós usamos sem preocupação? Nós não enxergamos no direito, acima de tudo, *voluntas*, *auctoritas*, e não *ratio*, *veritas*? Talvez o voluntarismo positivista, o qual muitos cientistas do direito declaram subscrever, tenha conseguido, impercebido, penetrar na linguagem da disciplina. No entanto, parece significativo que nós não demos aos atos dos juízes enquanto juízes o mero nome de decisão, senão também de julgamento ou juízo; no passado, falava-se em conhecimento ou veredito. Diante de decisões, o afetado se curva enquanto mais fraco; diante da verdade, ele a reconhece enquanto ser racional.

Com isso, parece evidente haver uma relação, talvez singular em termos teórico-científicos, entre a ciência jurídica e o seu objeto, o direito. Seria, é verdade, exagerado afirmar que a ciência do direito

5. *Santo Agostinho,* Vom Gottesstaat (A Cidade de Deus), traduzido por Thimme, Arthemis Editora Zurich, 1955, livro 4, cap. 4, p. 213.

produz seu objeto. No entanto, certamente, essa afirmação tem algo de correto: por faltar qualquer poder à ciência do direito enquanto ciência, já que opera apenas na esfera das razões, ela *contribui para a juridicidade do direito*. Que o legislador tenha o poder de criar leis, e o juiz de tomar decisões, essa ciência toma como fato. Mas é a ciência do direito que, no seu cotidiano, coloca à prova a pretensão, implicitamente existente, de que esses atos sejam mais do que simples atos de poder. A ciência do direito, portanto, como um "quarto poder" impotente,[6] vigia se as atividades dos outros três poderes potentes se sustentam em razões. Ela não pratica essa vigilância por meio de força corporal, senão racional, a fim de que essas razões também suportem seus resultados. Ela obriga o poderoso a prestar contas de suas decisões e o denuncia quando as razões indicadas por ele, na verdade, são uma racionalização insincera. A ciência do direito é, portanto, a *ciência da distinção* entre direito e poder.

bb) Essa sua tarefa diferenciadora tem ainda mais importância no *direito penal*. A pena é o instrumento mais odioso e violento do poder. A ela é inerente uma colisão entre a poderosa ordem jurídica e o impotente indivíduo. Justamente por isso, ela é extremamente carente de justificação e, na melhor das hipóteses, passível disso. Uma pena tem que poder satisfazer a exigência de respeitar o seu destinatário como ser racional. Muitos dos tradicionais princípios do direito penal são possivelmente[7] deduzidos dessa exigência – dentre outros: o princípio de que o direito penal deve atuar para a segurança das condições de uma vida conjunta pacífica, ou seja, que deve servir à proteção de bens jurídicos; o princípio de que a pena pressupõe uma cominação legal prévia, ou seja, o princípio do *nullum crimen, nulla poena*; e o princípio de que nenhuma pena deve ultrapassar a medida do merecimento, o chamado princípio da culpabilidade. Esses princípios da legitimação da pena – que podem ser resumidos sob

6. Pioneiramente, *Schünemann*, em: Schünemann et alii (coords.), Festschrift für Roxin, Berlin/New York, 2001, p. 1 ss. (8 s.); próximo, em substância, *Gimbernat*, ZStW 82 (1970), 379 (405 ss.); *Rieble*, rescriptum 2013/2, 163 (166 s.).

7. O que não pode ser aqui desenvolvido em detalhe; para uma aproximação ao problema, ver *Greco*, Lebendiges und Totes in Feuerbachs Straftheorie, 2009, 253 ss., 303 ss., 484 ss. (= Lo vivo y lo muerto en la teoría de la pena de Feuerbach, trad. Dropulich/Béguelin, Madrid etc., 2015, p. 184 e ss., 228 e ss., 373 e ss.)

o termo política-criminal – não podem permanecer no campo das abstrações não vinculantes, que são assunto das seções introdutórias dos manuais jurídicos, mas devem ser projetados sobre as concretas conclusões que se extraem do direito positivo.[8]

cc) E assim se chega à *dogmática jurídico-penal*. Tentarei mais uma vez iniciar sem uma definição; abrirei mão, acima de tudo, da explicação sobre a relação entre dogmática jurídica e ciência jurídica. Como consequência do princípio da proteção de bens jurídicos, a proibição jurídico-penal, em princípio, só se orienta a condutas perigosas; isso significa, concretamente, que as condutas que não representam perigo juridicamente relevante não são objeto dos tipos penais. O princípio do *nullum crimen* obriga a que se enxergue nos tipos penais não uma mera descrição de condições equivalentes umas às outras, *sine quibus non* de um resultado, mas, mais do que isso, que condições próximas e distantes sejam diferenciadas umas das outras. Isso significa também que o princípio conduz a uma diferenciação entre autores e partícipes, no sentido de que só os primeiros praticam o tipo penal (conceito restritivo de autor). Do princípio da culpabilidade se extrai que considerações de necessidade de pena só são pertinentes quando já está claro que o destinatário realmente merece uma pena. Isso significa, concretamente, que os "erros de direito" não podem ser irrelevantes, e que, no mais tardar, portanto, os erros de proibição inevitáveis devem afastar a pena. E, de forma ainda mais concreta, significa que considerações de ordem preventiva, no melhor dos casos, podem influenciar apenas secundariamente a determinação da evitabilidade de um erro de proibição, ou seja, que só podem entrar em cena quando a pergunta anterior, sobre se a pena em si é merecida, já tiver sido respondida afirmativamente.

b) Com isso, fica claro a quais perigos, sobretudo a quais tentações a ciência jurídica é exposta,[9] e por que razão ela é dependente do *ambiente institucional* que, afortunadamente, ainda existe na Alemanha.

8. Pioneiramente, *Roxin*, Kriminalpolitik und Strafrechtssystem, 2ª. ed. 1973 (= Política criminal e sistema jurídico-penal, 2ª. ed. 2002).

9. Para esses perigos, também *Lepsius*, rescriptum 2013, 71 (74); ver também *Vogel*, em: Beck et alii (coords.), Strafrechtsvergleichung als Problem und Lösung, 2011, p. 205 (207 ss., 210).

Um *olhar para fora* torna clara essa relação de dependência. Em todos os lugares do mundo, há docentes ("Lehrer") do direito e práticos comentadores; mas uma figura correspondente à do Professor alemão, que faz ciência jurídica, é, comparativamente, algo bem especial, e isso até mesmo na Europa. Muitos países nem diferenciam professores de docentes (Lehrer), mas utilizam a mesma nomenclatura para ambas as profissões. Faculdades de direito são, frequentemente, nada mais do que simples prédios com salas de aula e, eventualmente, com uma biblioteca e uma cafeteria, as duas de mais ou menos mesmo tamanho; não existem institutos, cátedras e, por consequência, secretários, colaboradores científicos e estudantis. Aulas são dadas por práticos, que não precisaram superar o penoso caminho alemão dos dois livros espessos. O que falta a esses países não é necessariamente ciência jurídica, mas, sem dúvida, o suporte institucional do qual a ciência jurídica é dependente. Com isso, a ciência jurídica se sustenta com pés de barro; e sua qualidade advém antes de virtudes individuais, do talento e, em especial, da coragem.

A ciência jurídica não oferece poder, senão razões; o poder não se interessa por razões enquanto razões, mas pelo seu suporte de legitimação. Onde existe ciência jurídica, mas lhe falta proteção institucional por meio de uma universidade independente, com obrigações apenas em relação ao próprio direito, a ciência jurídica se torna corruptível; ela ameaça se degenerar em um discurso de legitimação, ou seja, em *ideologia*. O cientista que é, em primeiro lugar, advogado ou juiz pensará duas vezes antes de tecer críticas ao legislador e, sobretudo, aos julgamentos de juízes superiores. O fato de isso ser menos perceptível na Alemanha já é consequência dessa proteção institucional; consequência de haver, aqui, um intercâmbio científico, em grande parte, mais livre dessas preocupações. Essa proteção institucional conduziu a uma nítida distinção entre ciência desinteressada e ideologia orientada por interesses. Na Alemanha, até mesmo o advogado ou o juiz que publica cientificamente não o faz, idealmente, enquanto advogado ou juiz, senão enquanto professor.

Essas relações são recíprocas. O dispendioso ambiente institucional colocado pelas universidades à disposição dos professores tem que ser, por sua vez, justificado à sociedade, sobretudo aos contribuintes. Essa justificação ocorrerá apenas à medida que os professores se reconheçam obrigados ao ideal de uma ciência jurídica independente, à medida que eles não se deem por satisfeitos com ensinar estudantes e juízes a como passar em provas ou a como escrever sentenças, e, sobretudo, à medida que insistam em acompanhar de perto e criticamente o trabalho dos legisladores e dos juízes.

III.

A alegação, não raramente formulada também entre penalistas, de que a ciência jurídica e a dogmática seriam *peculiaridades alemãs sem futuro na Europa*[10] revela-se, assim, de todo questionável.[11] Sempre que legisladores e juízes são livres para formular sua pretensão de juridicidade sem temer a vigilância crítica de uma instância independente, eles se tornam descontraídos, preguiçosos, mesmo desavergonhados. Se, em algum lugar, tipos penais são conceituados como proibição de causação (como no art. 110 do CP italiano), a ciência jurídico-penal tem que se lembrar de que, com isso, o apelo "mate-o" é elevado à qualidade de conduta típica de homicídio e o princípio *nullum-crimen* é esvaziado de significado. Se, ainda em outro lugar, é defendido o *error iuris nocet* por razões de prevenção,[12] é trabalho da ciência jurídico-penal acentuar que o indivíduo, dessa forma, não está sendo julgado pela sua culpabilidade, senão por interesses próprios de quem o julga e, consequentemente, sendo misturado aos objetos do direito das coisas.

A ciência e a dogmática do direito, exercidas por professores enquanto professores, devem desnudar o que é um ato nu de poder. Isso, sobretudo, no direito penal e também na Europa.

10. *Lepsius*, rescriptum 2013, 71 (10 s.); em relação à literatura penal, por exemplo, *Tiedemann*, JZ 2000, 145; *Vogel*, GA 2002, 517 (524, 532); *idem*, JZ 2012, 25; *Volk*, em: Pieth/Seelmann (coords.), Prozessuales Denken als Innovationsanreiz für das materielle Strafrecht, Kolloquium zum 70. Geburtstag von Krauß, Basel et alii., 2006, p. 89 ss. (90): "A dogmática alemã se tornou muito complicada. Assim, não se pode nem aplicá-la nem exportá-la"; *Rotsch*, ZIS 2008, 1.

11. Crítico, também *Schünemann*, FS Roxin I, p. 11; *idem*, GA 2002, 501 (511); *Silva Sánchez*, GA 2004, 679 (682); *Puppe*, ZIS 2008, 67; *Robles Planas*, ZIS 2010, 357 (361 s.).

12. Como no direito penal inglês, cf. as referências em *Safferling*, Vorsatz und Schuld, 2008, p. 386 ss.

O QUE É TORTURA?

I. Introdução

Entre os diversos pontos altos do meu período como assistente na cátedra de Bernd Schünemann, recordo-me especialmente de uma discussão aguda, travada no marco do tradicional "Seminário de filosofia do direito das quintas-feiras" (Rechtsphilosophisches Donnerstag-Seminar). Esse seminário, que fora instituído em Munique por Arthur Kaufmann, o antecessor de Schünemann na cátedra de Direito Penal e Filosofia do Direito da Universidade de Munique, e levado adiante por Schünemann até a sua aposentadoria em 2013, foi palco de muitas noites memoráveis.[1] A que mais me marcou foi a de meu embate com Schünemann sobre o problema da chamada "tortura para salvação"[2] (*Rettungsfolter*). Ali me manifestei sobre o tópico que está no centro da discussão científica em torno dessa figura, a

1. Com a minha investidura como professor titular da Universidade de Augsburg e a aposentadoria de Schünemann, o Seminário das Quintas-Feiras se encontra sob a minha direção, agora na Universidade Humboldt, de Berlim, da qual me tornei catedrático em 2017. Desde então, alguns professores contribuíram para o seminário na qualidade de conferencistas, como Renzikowski (Halle), Puppe (Bonn), Frisch (Freiburg), doutorandos como Alaor Leite, Adriano Teixeira, Augusto Assis e Flávia Siqueira e, no primeiro semestre em que o seminário foi realizado em Augsburg, o homenageado Bernd Schünemann.

2. As nossas conferências foram posteriormente publicadas em GA 2007, p. 628 e ss., 644 e ss.; e, em português, em RBCC 78 (2009), p. 7 e ss., 35 e ss.

saber: pode a tortura ser legitimada, quando a sua finalidade não é, como tradicionalmente, atormentar a vítima ou obter uma confissão em um processo criminal, e sim, por exemplo, salvar a vida de uma criança sequestrada ou impedir um atentado terrorista? Conforme o homenageado assinalou em seu comentário à minha manifestação,[3] que depois veio a ser publicada, eu ali teci algumas considerações sobre o conceito de tortura,[4] as quais, admito, foram feitas apenas de passagem. Por essa razão, o septuagésimo aniversário do meu professor parece oferecer-me uma excelente oportunidade para retomar nosso debate e, inclusive, mitigar a nossa divergência de opinião.

Ver-se-á que, de acordo com os critérios que aqui serão desenvolvidos, a simples ameaça de dor ainda não configura tortura; não existiria, assim, uma objeção fundamental contra a justificação[5] de um comportamento como o de Daschner, no conhecido caso que deu origem à controvertida discussão alemã, por meio da legítima defesa ou do estado de necessidade (§§ 32, 34 StGB; arts. 24, 25 CP). Nesse caso,[6] o chefe de polícia Daschner, diante da recusa do sequestrador Gäfgen, que havia sido apreendido, em revelar onde havia escondido a criança sequestrada Jakob von Metzler, a qual corria sério risco de morrer em razão do frio ou de inanição, ameaçou impor a Gäfgen dores intensas, caso ele não se dispusesse a falar. Diante dessas ameaças, Gäfgen revelou o paradeiro do menino sequestrado, que, contudo, já estava morto.

O presente trabalho tem, portanto, um único objeto: *a pergunta sobre o conceito de tortura*. Abstrairemos, aqui, das duas outras importantes questões que se põem no presente contexto[7] – a da justificação e a da exculpação da tortura. A questão será tratada não somente a partir de uma perspectiva jurídico-dogmática, mas também

3. *Schünemann*, GA 2007, p. 644 (= RBCC 78 [2009], p. 35).

4. Em especial, GA 2007, p. 628 nota 2, p. 631 nota 15 (=RBCC 78 [2009], p. 8 e s., nota 3).

5. Ou o reconhecimento de um erro de tipo permissivo, tradicionalmente chamado no Brasil de descriminante putativa, que é regulado no art. 20 § 1º CP.

6. Landgericht Frankfurt NJW 2005, 692.

7. Cf. *Greco*, in: Hilgendorf/Joerden (coords.), Handbuch Rechtsphilosophie, 2017, p. 426 e ss. Para ambas as perguntas, *Roxin*, FS Eser 2005, p. 461 e ss. (463 e ss, 469 e ss.); *idem*, FS Nehm, 2006, p. 161 e ss. (163 e ss, 172).

e principalmente de uma perspectiva jusfilosófica, isto é, pré-positiva. No entanto, um tal conceito pré-positivo não estará de todo dissociado do direito positivo (cf. o Art. 1º I da Convenção das Nações Unidas contra a Tortura; art. 3º da Convenção Europeia de Direitos Humanos[8]): para a elaboração do conceito pré-positivo, deve-se levar em consideração os conceitos positivos e os esforços empenhados no sentido de precisá-los, para, a partir daí, derivarem-se linhas para uma interpretação do direito positivo, orientada segundo os fundamentos pré-positivos que se irão elaborar.

Procederei da seguinte forma: inicialmente, cumpre esclarecer se um conceito de tortura é, de fato, necessário (abaixo II). Depois de uma resposta afirmativa a essa pergunta, formularei em um nível mais elevado, por assim dizer metateórico, as exigências a que um adequado conceito de tortura tem de atender (abaixo III). Seguem-se concretas reflexões sobre esse conceito e seus elementos constitutivos (abaixo IV). Na última seção, o conceito deverá ser confirmado em sua correção, recorrendo a alguns casos claros, e testado em sua capacidade de rendimento, diante de casos-limite (abaixo V).

II. Sobre a necessidade de um conceito de tortura

A escassez de esforços para a precisão do conceito de tortura contrasta com a chamativa riqueza de opiniões sobre o problema de sua justificação. Isto é, contudo, um defeito que se manifesta tanto na teoria quanto na prática.[9]

De um *ponto de vista teórico*, é evidentemente questionável embarcar em uma discussão sobre a justificação (ou exculpação) de algo que não se sabe bem o que é. Toda teoria normativa sobre

8. A respeito desses conceitos, cf. abaixo III.

9. Crítico quanto a essa situação também *Hilgendorf*, JZ 2004, p. 331; *Greco*, GA 2007, p. 628 nota 2 (= RBCC 78 [2009], p. 8 e s., nota 3). Em sentido diverso *Waldron*, Torture, Terror and Trade-Offs, Oxford, 2010, p. 198 e ss, por pensar que a demanda por clareza conceitual é fora de lugar em um contexto em que sequer se deve dar qualquer primeiro passo; contra a necessidade de um conceito de tortura também *Brecher*, Torture and the Ticking Bomb, Malden, 2007, p. 3 e ss.; *Wisnewski/Emerick*, The Ethics of Torture, London/NY, 2009, p. 5, 6 e ss, 8, que optam pelo caminho de uma tipologia da tortura; ao que parece, também, *Hörnle*, in: Pieper/Brudermüller (coords.), Grenzen staatlicher Gewalt, 2012, p. 71 e ss. (85 e ss.).

a justificação de um objeto precisa determinar, ainda em um plano pré-normativo, o que é esse objeto.[10] Essa não é apenas uma questão de estética teórica, mas apresenta imediatas implicações materiais ou de conteúdo: afinal, o conceito deve abarcar aquilo que torna o objeto da teoria questionável e merecedor de justificação, isto é, capturar o mal específico que o objeto representa (detalhadamente III). Há uma espécie de relação inversamente proporcional entre a extensão do objeto e o rigor das suas condições de legitimidade: se, como quer a doutrina majoritária, inclusive uma intimidação por meio de berros pudesse ser subsumida ao conceito de tortura, seria extremamente implausível postular uma proibição absoluta, incondicionada desse comportamento, como também o faz a opinião dominante.[11]

É sobretudo na *prática,* todavia, que a pergunta sobre o conceito de tortura é importante. O leading case alemão, o mencionado caso Gäfgen, é um complexo caso-limite: o policial Daschner não inflingiu dor ao sequestrador da criança, apenas o ameaçou. A opinião majoritária enxergou nesse ato um caso de tortura,[12] conclusão essa que, entretanto, de modo algum é evidente. Também no atual cenário político internacional, em que está em primeiro plano menos a criminalidade clássica do que a luta contra o terrorismo global, coloca-se com especial importância a pergunta sobre o conceito de tortura. Afinal, a proscrição global da tortura faz parte das conquistas culturais do mundo moderno. A tortura é hoje praticada apenas em recônditos porões de Estados totalitários; ela não é defendida publicamente nem pelo pior dos "estados-canalhas",[13*] mas unicamente por acadêmicos cujas manifestações raramente alcançam a grande massa da opinião

10. Cf. *Greco* Lebendiges und Totes in Feuerbachs Straftheorie, 2009, p. 274 e ss. (= El vivo y el muerto en la teoría de la pena de Feuerbach, trad. Droppulich/Béguelin, Madrid et alii, 2015, p. 206 e ss.) no que se refere à pena.

11. Com a qual, nesse aspecto, eu concordo (cf. meu artigo citado na nota 2).

12. Referências em *Greco*, GA 2007, 629 nota 2 (=RBCC 78 [2009], p. 8 e s., nota 3).

13. * (N.T.) O autor utilizou a expressão "*Schurkenstaat*". O termo em alemão é tradução da expressão *rogue states* que, em linhas gerais, diz respeito aos Estados que vivem à margem da ordem internacional. Se pudéssemos sintetizar em uma oração a ideia expressada pelo termo, diria que a expressão *Schurkenstaat* refere-se aos Estados que fomentam práticas terroristas. A tradução *estados-canalhas* foi sugestão do próprio Luís Greco.

pública. Em razão disso, Estados que querem incrementar o êxito de seus métodos de interrogatório fazem uso de técnicas de pressão, ao mesmo tempo em que negam, veementemente, que essas configurariam tortura.[14] Vê-se, assim, que tampouco a mais absoluta proibição da tortura terá qualquer importância se for possível contorná-la por meio dos estipulações arbitrárias e complacentes. Só um claro conceito de tortura permitirá avaliar em que medida esses procedimentos não são meras tergiversações.

III. Requisitos metateóricos para um conceito de tortura

Vimos, assim, que é necessário, tanto por razões teóricas, quanto práticas, sair à busca de um conceito de tortura. O que devemos, porém, esperar desse conceito? Que requisitos têm de ser atendidos, para que possamos ter alguma segurança de que chegamos a um bom conceito de tortura? Parece-me adequado formular cinco exigências.

Um bom conceito de tortura precisa descrever um *mal*. Mas também intervenções nos direitos fundamentais, como uma busca e uma apreensão, e penas, como a privação de liberdade ou a multa em razão da prática de um crime, são um mal. Apenas o anarquista ou o abolicionista negam que tais intervenções, sob certas condições, poderiam ser justificadas. A tortura, contudo, é um mal com uma especial qualidade, a ponto de que não apenas o anarquista ou o abolicionista, mas, sim, muitos acreditem que esse mal de nenhum modo, sob nenhuma circunstância, seria justificável. Isso significa que a tortura traz consigo uma marca de Caim, no sentido de, no mínimo, uma *presunção de inadmissibilidade absoluta*. A primeira exigência

14. Exemplos dessa forma de proceder: para Israel, veja-se o chamado Relatório da Comissão Landau, in: Israel Law Review 1989, p. 146 e ss., 175 e ss. (as descrições detalhadas dos métodos permitidos ainda permanecem em segredo), que depois foi rechaçado pela Suprema Corte de Israel, in: Levinson (coord.), Torture, Oxford, 2004, p. 165 e ss; e, para os Estados Unidos, veja-se o chamado *Bybee Memo* de 1.8.2002, impresso em: Greenberg/Dratel (coords.) The Torture Papers, Cambridge, 2005, p. 172 e ss; a respeito cf. *Roth*, in: Roth et alii (coords.), Torture, NY/London, 2005, p. 184 e ss. (192 e ss); *R. Marx*, KritJ 2006, p. 151 e ss. (153 e ss.); *Nowak*, Human Rights Quarterly 2006, p. 809 e ss.; *La Torre,* in: Clucas et alii (coords.), Torture, Baden-Baden 2009, p. 10 e ss. (14 e ss.); *Wisnewski*, Understanding Torture, Edinburgh, 2010, p. 44 e ss; mais referências abaixo, na nota 22 – conferir também *Brecher* (nota 9), p. 4 e ss., que, contudo, chega à conclusão que se deve abster de definir a tortura.

a que um bom conceito de tortura tem de atender, assim, é a de tornar plausível essa presunção, esse estigma.

A tortura não é a única portadora do estigma que acabo de descrever. A escravidão e o genocídio também apresentam tais estigmas, e um forte candidato, muito próximo à tortura, é o tratamento desumano e degradante, que pretendo investigar em um ensaio futuro. Nenhum desses fenômenos é, contudo, tortura. É necessário, assim, esforçar-se no sentido de uma *investigação de fenomenologia moral*, em busca da nota específica da tortura, isto é, do *mal singular* que a caracteriza e que a diferencia também dessas outras formas de tratamento que, ainda que portadoras de um estigma análogo, não são tortura. O segundo requisito de um bom conceito de tortura, assim, é que ele seja capaz de diferenciar a tortura de outras formas de tratamento especialmente graves.

Um bom conceito de tortura, em terceiro lugar, *não pode pré-julgar, de forma definitiva, a questão da justificação.*[15] A questão quanto a se a tortura é ou não legitimável não é uma questão conceitual a ser esclarecida por uma análise, em primeira linha, fenomenológica, e sim uma questão que precisa ser resolvida a partir de uma determinada ética normativa (por exemplo, o consequencialismo, a deontologia ou a ética de virtudes). Isso não significa que o conceito de tortura e a descrição do mal que o integra devem ser completamente independentes de tais perspectivas ético-normativas, mas, unicamente, que o problema da justificação não pode ser resolvido por meio de uma estipulação sobre o conceito de tortura.

Considerando que a tortura representa um mal especial – o que torna compreensível que muitos nem sequer a considerem passível de justificação – o conceito não pode conter elementos que permitam malabarismos arbitrários. O quarto requisito, assim, é que esse conceito não seja vulnerável àquilo que se chama de *fraude de etiquetas* (*Etikettenschwindel)*, cuja estrutura lógica, como esclareci em outro estudo, consiste em contornar a conclusão de que "A é ilegítimo" alegando "trata-se de um não-A".[16] Isso será contudo inevitável

15. Semelhante *Tindale* Social Theory & Pratice 1996, 349, 354; *Steinhoff* On the Ethics of Torture, NY, 2013, p. 10.

16. Cf. *Greco*, Lebendiges und Totes (nota10), p. 277; idem, El vivo y el muerto (nota 10), p. 207 e s.

se a nossa definição de tortura apresentar conceitos excessivamente normativos (por exemplo, "inadmissível", "ilegítimo"[17]) e também elementos subjetivo-intencionais. Afinal, com base nesses conceitos, sempre será possível dizer: a conduta X não é tortura, porque ela é admissível ou legítima, porque ela é praticada sem a intenção exigida. Modulações quantitativas ("considerável"; "especialmente grave") deveriam, caso não se deixem evitar, ser levadas em conta no máximo para o refinamento de zonas fronteiriças.[18]

Por último, um bom conceito de tortura tem de fazer justiça aos *candidatos positivos* e *negativos*, aos quais intuitivamente associamos a palavra tortura (de um lado, o esmaga-polegares, os maus-tratos dispensados a um prisioneiro, eletrochoques;[19] de outro, a pena privativa de liberdade).

IV. Em busca do conceito de tortura

Sabemos, assim, por que necessitamos de um conceito de tortura (acima II.); e temos uma ideia relativamente clara das demandas a que esse conceito tem de atender (acima III.). Superamos, portanto, as considerações preliminares e chegamos ao problema central, de conteúdo. O que é tortura? Que elementos a caracterizam?

1. A Convenção das Nações Unidas contra a Tortura

Como ponto de partida, convém recorrer à Convenção das Nações Unidas contra a Tortura (1984), promulgada no Brasil pelo Decreto n. 40/1991, que contém uma definição de tortura (art. 1, I):

> "1. Para os fins da presente Convenção, o termo 'tortura' designa qualquer ato pelo qual *dores ou sofrimentos agudos, físicos ou mentais*, são infligidos intencionalmente a uma pessoa *a fim de* obter, dela ou de uma terceira pessoa, informações ou confissões; de castigá-la por ato que ela ou uma terceira pessoa

17. Perigosamente próximo *Rejali* Torture and Democracy, Princeton/ Oxford, 2007, p. 560; *La Torre* (nota 13), p. 31: "violência intolerável", p. 33: "Tortura, portanto, é abuso e excesso, necessariamente, por sua própria fenomenologia".

18. Igualmente *Matthews*, The Absolute Violation, Montreal et alii, 2008, p. 33; *Wisnewski/Emerick* (nota 9), p. 3

19. Para a história deste método de tortura *Rejali* (nota 16), p. 121 e ss.

tenha cometido ou seja suspeita de ter cometido; de intimidar ou coagir esta pessoa ou outras pessoas; ou por qualquer motivo baseado em discriminação de qualquer natureza; quando tais dores ou sofrimentos são infligidos por um funcionário público ou outra *pessoa no exercício de funções públicas*, ou por sua instigação, ou com o seu consentimento ou aquiescência. *Não se considerará* (sic) *como tortura* as dores ou sofrimentos que sejam consequência unicamente de sanções legítimas, ou que sejam inerentes a tais sanções ou delas decorram."

Fundamentalmente, essa definição se baseia em três elementos: como elemento objetivo, a tortura requer a inflição de "dores ou sofrimentos agudos, físicos ou mentais"; subjetivamente, um determinado tipo de intenção; e, por último, como elemento relacionado ao autor, a implicação de uma pessoa que atua no exercício de função pública.

A cláusula salvatória prevista na segunda parte do mesmo dispositivo ("Não se considerará..."), que, na versão da Convenção ratificada para o português, apresenta um erro de concordância, demonstra que o conceito é excessivamente amplo, enfim, que ele não satisfaz às exigências anteriormente mencionadas. Afinal, o sofrimento psíquico agudo é, muitas vezes, inerente à imposição de uma pena privativa de liberdade; essa é, contudo, imposta por funcionário público, com o fim de castigar. Para que não se tenha de afirmar que a pena privativa de liberdade é tortura, tornou-se necessária essa cláusula, que, porém, abre as porteiras para toda sorte de fraude de etiquetas.[20] Fosse o esmaga-polegares, por exemplo, considerado "sanção legítima", isto é, previsto legalmente, tal circunstância eliminaria essa forma de comportamento da zona de aplicação do conceito.

Muito provavelmente a razão do problema deve-se ao fato de que a definição se orienta pela inflição de *sofrimento.*[21] É compreensível a razão pela qual se decidiu por uma espécie de desmaterialização ou psicologização do conceito de tortura: fosse a tortura compreendida apenas com uma *lesão à integridade física* ou à saúde

20. Crítica semelhante em *Tomuschat* in: Schulz-Hageleit (coord.) Alltag-Macht-Folter, 1989, p. 95 e ss. (102); *Hilgendorf*, JZ 2004, p. 334; *Brecher* (nota 9), p. 5.

21. Anteriormente *Greco*, GA 2007, 628 nota de rodapé n. 2(=RBCC 78 [2009], p. 8 e s., nota 3) semelhante, *Stobbe* in Beestermöller/Brunkhorst (coord.), Rückkehr der Folter, 2006, p. 36 e ss. (40).

do afetado, eletrochoques e outras técnicas de pressão mais "sutis", como a privação de sono ou o chamado waterboarding (o afogamento simulado), deixariam, automaticamente, de ser considerados tortura. Entretanto, o problema é que grande parte daquilo que não é tortura causa sofrimento, e isso, às vezes, de forma intencional e permitida: provas universitárias, punições, cortar o cabelo de uma modelo, assédio moral, crítica científica, ofensas, operações. Com isso, torna-se necessário um outro elemento delimitador, com o que se acaba, naturalmente, caindo em uma orientação quantitativa: como reza a Convenção, apenas sofrimentos *agudos* são tortura.[22]

O problema dessa maneira quantitativa de proceder é melhor evidenciado por meio do vergonhoso *Memorando Bybee*, que restringiu o conceito de tortura àqueles sofrimentos cuja intensidade se assemelha à do sofrimento que acompanha a morte, à falência de um órgão ou ao dano permanente a uma função corporal relevante.[23] O Memorando, com isso, exclui de antemão que o *waterboarding* possa ser qualificado como tortura. Se, partindo de um conceito quantitativo, objetarmos que esse alto patamar de intensidade fixado pelo Memorando seria arbitrário, ficaremos devendo ao nosso adversário a explicação de por que a crítica da arbitrariedade também não fulmina o nosso patamar menos exigente.

2. *A jurisprudência do Tribunal Europeu de Direitos Humanos*

Em contrapartida, a *Convenção Europeia de Direitos Humanos* não contém uma definição de tortura; limita-se a proibir o tratamento

22. Igual *Kershnar*, International Journal of Applied Philosophy 2005, p. 224; *idem*. For Torture, Maryland, 2012, p. 11; cf. ademais *Miller*, Torture, in Stanford Encyclopedia of Philosophy 2006/2011, Nr. 1: "extremo" sofrimento; *Steinhoff* in: Clucas (nota 13), p. 39, 41; *idem* (nota 14), p. 89; com interessante tentativa de considerar suficientes as dores causadas por meio da perfuração da polpa dentária. Entretanto, o que buscamos é um critério que seja capaz de abranger não apenas os casos evidentes.

23. Cf. *Bybee Memo* (nota 13), p. 183; exaustivo e crítico *La Torre* (nota 13), p. 14 e ss; *Luban*, Virginia Law Review 2005, p. 1425 e ss. (1452 e ss.); *Menéndez*, in: Clucas (nota 13), p. 118 e ss. (125 e ss.); *Alvarez*, Case Western Reserve Journal of International Law 2006, p. 175 e ss. (182 e ss.); *Wisnewski/ Emerick* (nota 9), p. 4 e ss.

desumano e o tratamento degradante (art. 3[24]) e a deixar claro que tal proibição não cede nem mesmo em situações de necessidade (art. 15 II[25]). Também a Convenção Americana de Direitos Humanos, da qual o Brasil é signatário, contém dispositivos de teor bastante similar (art. 5 I 2; art. 27 I, II). O *Tribunal Europeu de Direitos Humanos*, que é a corte encarregada de zelar pelo respeito à Convenção Europeia pelas partes signatárias, entende a tortura como caso especial dessas outras duas formas de tratamento.[26] O Tribunal desenvolveu as seguintes definições: pode-se dizer *desumano* o tratamento quando ele for "premeditado, aplicado por horas a fio e causar lesão corporal ou intenso sofrimento físico ou mental"; um tratamento é *degradante* "quando humilha ou avilta um indivíduo, demonstrando uma falta de respeito ou diminuindo sua dignidade humana ou provocando sentimentos de medo, angústia ou inferioridade capazes de abater a resistência física e moral do indivíduo".[27] O tratamento tem de apresentar uma certa gravidade, e todas as circunstâncias do caso devem ser levadas em consideração,[28] tais como a intenção do autor[29] e também a acumulação de vários tratamentos individuais.[30] Por sua

24. "Ninguém pode ser submetido a torturas, nem a penas ou tratamentos desumanos ou degradantes."

25. "1. Em caso de guerra ou de outro perigo público que ameace a vida da nação, qualquer Alta Parte Contratante pode tomar providências que derroguem as obrigações previstas na presente Convenção, na estrita medida em que o exigir a situação, e em que tais providências não estejam em contradição com as outras obrigações decorrentes do direito internacional. 2. A disposição precedente não autoriza nenhuma derrogação ao artigo 2º, salvo quanto ao caso de morte resultante de actos lícitos de guerra, nem aos artigos 3º, 4º (parágrafo 1) e 7º."

26. Em detalhes *Aoiláin* in: Levinson (nota 13), p. 213; *Gaede*, in: Camprubi (coord.), Angst und Streben nach Sicherheit in: Gesetzgebung und Praxis, 2004, p. 155 e ss. (161 e ss.); *Ambos*, Internationales Strafrecht, 3ª. ed. 2011, § 10, nm. 77 e ss.; *Farrell*, The Prohibition of Torture in Exceptional Circumstances, Cambridge, 2013, p. 68 e ss.

27. Tribunal Europeu de Direitos Humanos, M.S.S. vs. Bélgica e Grécia, Reclamação n. 30696/09 § 220 (citação); próximo Labita vs. Itália, Reclamação n. 30969/09 § 120.

28. Tribunal Europeu de Direitos Humanos, Selmouni vs. França, Reclamação n. 25803/94, § 100; Labita (nota 26), § 120; M.S.S. (nota 26), § 19.

29. Com ulteriores referências Tribunal Europeu de Direitos Humanos, Labita (nota 26), § 129.

30. Tribunal Europeu de Direitos Humanos, Aydin vs. Turquia, Reclamação nº 23178/94 § 86.

vez, a *tortura* encarna um "tratamento desumano deliberado que causa sofrimento cruel e extremo".[31]

Não é necessário alongar-se na exposição e na crítica. O conceito proposto pelo Tribunal Europeu de Direitos Humanos coincide, em dois aspectos fundamentais, com o conceito da Convenção das Nações Unidas: seu foco é a imposição de sofrimento e uma análise quantitativa. Dessa forma, aqui são igualmente pertinentes as dúvidas que acabamos de levantar contra o conceito da Convenção Contra a Tortura.[32]

3. Uma tentativa

Analisadas as propostas do direito internacional de direitos humanos, que enxergamos como insuficientes, é chegado o momento de realizar uma tentativa própria.

a) Uma primeira aproximação: tortura como dominação da mente através do corpo

Minha proposta está inexoravelmente vinculada às reflexões metateóricas anteriormente expostas (acima III). Na formulação de um conceito de tortura, trata-se, sobretudo, de encontrar o ponto arquimédico que seja capaz de explicar o estigma da tortura, sua marca de Caim, em sua singularidade. O *núcleo* desse conceito precisa ser um elemento que pelo menos tenha o potencial de ser portador de um desvalor absoluto, de um desvalor que não permita compensação. Temos, assim, que sair à busca desse elemento.

Já se vê que *sofrimentos ou dores* não podem ser o que procuramos.[33] Não apenas vêm à mente sem maior esforço vários casos, como os acima mencionados (que vão da crítica científica à pena privativa de liberdade), em que pode ser justificado impor sofrimento ou dor,

31. Tribunal Europeu de Direitos Humanos, Aksoy vs. Turquia, Reclamação n° 21987/93 § 63; Selmouni (nota 27), § 96; *Aydin* (nota 29), § 82.

32. O mesmo se pode dizer dos conceitos de que se valem em outros tribunais penais; para a jurisprudência do Tribunal Penal para a antiga Iugoslávia *Kamenova* in: Clucas (nota 13), p. 83 e ss. (92 e ss.); *Schabas,* Case Western Reserve Journal of International Law 2006, p. 349 e ss. (357 e ss.).

33. Semelhante *Wisnewski* (nota 13), p. 52 e ss.

como parecem mesmo existir muitas coisas que precisamente por causarem sofrimento e dor se tornam mais valiosas: pense-se em uma competição esportiva, em que a sofrida e dolorosa superação de um adversário duro vale mais do que a vitória sobre alguém que se entrega.[34]

Para alguém que enxerga na autonomia, isto é, no autodomínio, um bem intrínseco, talvez seja mais promissor partir de uma grandeza que representa, por sua vez, um mal intrínseco: a *dominação por um terceiro*, um heterodomínio.[35] Desse ponto de partida, poder-se-ia dizer que toda dominação heterônoma é um mal que necessita de justificação; ultrapassado certo limite, o mal, ao menos presumidamente, já não é mais passível de justificação. E esse é o ponto a partir do qual poder-se-ia falar em tortura.[36] É certo que esse limite dificilmente se deixará fixar sem levar em conta, de alguma forma, quantidades; contudo, a orientação quantitativa ainda não pode nos liberar do esforço de perquirir um critério qualitativo de distinção.

Uma reflexão mais detida permite chegar àquilo em que provavelmente consiste a especificidade da tortura. Se é certo que toda dominação por um terceiro dirige-se contra a livre vontade do dominado, a nota específica da tortura parece ser que ela logra a *sujeição da vontade* mediante um *apoderamento* (*Sichbemächtigung*) *do corpo* da vítima. A maneira mais natural de visualizar o que ocorre consiste em partir de um modelo dualista de ser humano, que nesse

34. *Greco*, FS Amelung, 2009, p. 3 e ss. (12 e ss.); esse artigo se encontra traduzido para o português, em Revista Liberdades 3 (2010), p. 145 e ss. (p. 56).

35. *Greco*, GA 2007, p. 628 nota 2 (=RBCC 78 [2009], p. 8 e s., nota 3); *idem* (nota 10), p. 186; em geral, *idem* (nota 33), p. 13.

36. Semelhante descrição da "natureza" da tortura em *Parry* in: Levinson (nota 13), p. 145, 153; *Luban*, Virginia Law Review 2005, p. 1430: "torture is a microcosm... of the tyrannical political relationships that liberalism hates the most"; *Reemtsma*, Folter im Rechtsstaat, 2005, p. 125; *Günther*, in: Beestermöller/Brunkhorst (coords.), Rückkehr der Folter, 2006, p. 101, 107 e ss; *La Torre* (nota 13), p. 35 e ss.; *Wisnewski* (nota 13), p. 64 e ss., vê o mal da tortura no aniquilamento da capacidade de atuar ("agency"); *Miller* (nota 21), Nr. 1, 2; próximo *Jäger*, FS Herzberg, 2008, p. 539 e ss. (544). O mais interessante enfoque alternativo que conheço oferece *Sussmann,* Philosophy & Public Affairs 2005, p. 1 e ss. (4, 19 e ss.); *idem,* Case Western Reserve Journal of International Law 2006, 225, 229 e ss.: Tortura como autotraição forçada, semelhante ao estupro.

enxerga um corpo e uma mente, modelo esse que, apesar de todas as objeções dirigidas, subjaz inegavelmente à visão do nosso cotidiano.[37] Poder-se-ia dizer que um sujeito autônomo, isto é, autodeterminado, caracteriza-se pela capacidade de sua vontade de gerar razões,[38] as quais ele é capaz de converter em motivos; justamente por isso, a mente é senhora do corpo. Essa capacidade, contudo, por força de necessidade biológica, é dependente do corpo, como pode testemunhar todo aquele que fez uma longa viagem de avião ou que bebeu exageradamente. Essa dependência biológica da vontade em relação ao corpo serve como base para que o torturador proceda a inverter a relação entre corpo e alma que caracteriza um sujeito autônomo. Com a tortura, o que ocorre não é apenas que o corpo torna-se senhor da mente, mas também que essa inversão é provocada pelo torturador e controlada em sua duração e dimensão: apenas a vontade do torturador controla no corpo do torturado e, dessa maneira, também em sua mente. A vontade do torturado perde a sua capacidade de gerar razões, torna-se escrava dos motivos que vêm do seu próprio corpo, os quais, por sua vez, baseiam-se nos estímulos provocados pela vontade do torturador. Decisões do torturado, como confessar algo ou revelar uma informação, foram em realidade tomadas pelo torturador; o torturado não toma mais nenhuma decisão, ele apenas a executa.

É possível perguntar, contudo, se essa descrição não está demasiado focada na tortura chamada "instrumental", isto é, aquela que é utilizada como meio para compelir a vítima a um comportamento específico. O modelo que acabo de desenhar encontra lugar também

37. Uma tentativa de construir o conceito de tortura sem valer-se do modelo dualista corpo-mente em *Kenny,* Polity 2009, p. 1 e ss. (10, 16 e ss.); para uma crítica a esse modelo e uma tentativa de reconstruir as categorias do direito penal sem dele fazer uso *J. C. Porciuncula,* Lo "objetivo" y lo "subjetivo" en el tipo penal, Barcelona, 2014, p. 85 e ss.

38. Essas razões podem ser de diferentes espécies; podem referir-se sobretudo à própria sorte do indivíduo e, nesse sentido, estarem orientadas pela *prudência*, ou basearem-se em uma lei moral e, nesse sentido, serem orientadas pela *moral.* A tortura pode aniquilar a capacidade de autônoma atuação moral (cf. anteriormente *Greco*, FS Amelung, p. 15 [= Revista Liberdades 3 (2010), p. 58 e s.]). Deixo, aqui, em aberto a exata relação entre vontade e razões; no modelo esboçado, parece que a vontade gera razões, mas isso não significa um comprometimento com uma postura voluntarista.

para uma tortura que se impõe como *fim em si mesmo*.[39] Como a dominação por terceiro é uma potência, uma capacidade, é irrelevante se o torturador imprime um conteúdo determinado à vontade da sua vítima. Ele tem o poder de fazê-lo por meio da tortura; exercer ou não esse poder é algo que depende apenas de sua vontade.

b) Os elementos do conceito de tortura

A partir desse fundamento, torna-se possível derivar os elementos constitutivos do conceito de tortura.[40]

aa) Em primeiro lugar, a tortura requer uma *relação de guarda* (*Gewahrsam*) sobre a pessoa da vítima.[41] O poder ilimitado sobre o local em que se encontra a vítima é o primeiro passo para o exercício ilimitado de poder sobre o corpo da vítima. Precisamente devido a esse requisito a tortura pode ser praticada omissivamente – por exemplo, mediante privação de alimentos ou analgésicos.

bb) Em segundo lugar, a tortura precisa traduzir-se *física ou corporalmente*. A tortura fala a linguagem da violência e não das razões. Isso significa que não há tortura enquanto a vontade ainda

39. Em sentido contrário daquilo que aqui é tratado como tortura, cf. *Kenny*, Polity 2009, p. 12 e ss., 25; conclusão coincidente com a aqui defendida em *Steinhoff* (nota 14), p. 162.

40. No debate filosófico, aplica-se, frequentemente, outra metodologia: primeiro a tortura é definida, apenas posteriormente pergunta-se sobre o seu mal (assim, por ex., *Davis*, International Journal of Applied Philosophy 2005, p. 161 e ss. [162, 167]; *Miller* [nota 21], Nr. 1, 2). No entanto, esse método conduz, na melhor das hipóteses, a uma definição que apenas reflete o sentido do termo tortura na linguagem cotidiana; na pior delas a não mais que uma estipulação arbitrária, porque indiferente ao mal da tortura. Nosso objetivo é determinar a específica manifestação do mal que, em grande medida, coincide com o que nós cotidianamente designamos como tortura.

41. *Joerden*, Jahrbuch für Recht und Ethik 2005, p. 495 e ss. (517); *Greco*, GA 2007, p. 628 nota 2 (=RBCC 78 [2009], p. 8 e s., nota 3); *idem*. (nota 10), p. 186; *Miller* (nota 21), Nr. 1. Próximos os autores que se orientam conforme a impossibilidade de defesa da vítima, como *Shue* in: Levinson (nota 13), p. 47, 49 e ss; *Miller*, International Journal of Applied Philosophy 1995, p. 179 e ss. (180 e ss.); *idem* (nota 21), Nr. 1; *Kenny*, Polity 2009, 22 e ss; *Card*, Confronting Evils, Cambridge, 2010, p. 223 e ss; cf. também *Sussmann*, Philosophy & Public Affairs 2005, p. 6 e ss.; *idem*, Case Western Reserve Journal of International Law 2006, 228; e *Matthews* (nota 17), p. 44 e ss., que considera uma relação de asssimetria essencial para a tortura.

ocupar-se de ponderar razões, mas apenas quando a vontade for dobrada por estímulos corporais. Uma decisão imposta permanece uma decisão da vítima; uma decisão lograda mediante tortura é uma decisão do autor, que apenas é executada de forma mecânica pela vítima. Isso significa que a chamada tortura psíquica não é tortura.[42] Uma ameaça ou constrangimento ilegal não é tortura.[43] A tortura de uma pessoa próxima é tortura, mas somente em face da própria pessoa torturada.[44] Do mesmo modo, se é certo que pequenas intervenções corporais – uma bofetada, para mencionar um exemplo – podem ser humilhantes e degradantes, elas não convertem o corpo da vítima, mas apenas e de forma indireta a vontade dessa em instrumento do torturador. Normalmente, esse aspecto corporal significa que a tortura envolverá dor; isso, todavia, não é necessário (abaixo V).

cc) A minha análise convida a um contraexemplo, que me permitirá chegar a mais um elemento do conceito de tortura. Caso se coloque à frente de um prisioneiro negligenciado um belo prato de comida ou um grupo mulheres extremamente atraentes e dispostas, ter-se-ia, de certo modo, uma dominação da vontade dos afetados por meio do controle sobre o seu corpo. Parece estranho, contudo, falar em tortura diante de tais hipóteses.

É verdade que, no caso de um afetado que se comprometeu com um ideal de vida mais exigente, isto é, um asceta ou um sacerdote, a *imposição de prazeres corporais* pode resultar, inclusive, em um meio adequado para lesar sua autonomia, ou seja, seu direito de viver de acordo com a sua própria concepção de vida boa.[45] Contudo, tal tratamento não é tortura, porque prazeres, diferentemente do sofrimento, têm um limite que não depende apenas do arbítrio de quem

42. Igualmente *Davis*, International Journal of Applied Philosophy 2005, p. 163; *Miller*, International Journal of Applied Philosophy 1995 179 (de outra opinião, posteriormente, *idem* [nota 21], Nr. 1, no caso de tortura de uma pessoa próxima). Noutro sentido *Matthews* (nota 17), p. 41 e ss., 59, que afirma, em última instância, a tortura psíquica.

43. De acordo *Davis*, International Journal of Applied Philosophy 2005, p. 163: "Tortura não é uma forma de extorsão; extorsão pressupõe racionalidade, tortura não"; *Sussmann*, Philosophy & Public Affairs 2005, p. 8 e ss.

44. Diversamente, por ex., *Kershnar* (nota 21), p. 7 e ss.

45. Isso também explica a chamada "proteção de confrontação" do direito penal da pornografia, cf. *Greco*, Rechtswissenschaft 2011, p. 275 e ss. (293 e ss.).

os impõe.[46] Ultrapassado um certo patamar, um clímax, chega-se a um estado de satisfação em que o afetado se torna indiferente à continuação dos estímulos. A tortura, por outro lado, sempre pode ser aumentada; a forma mais fácil de o fazer é substituir um método por outro. Os únicos clímaxes que poderiam aqui servir de patamar são a morte – o afetado morre em decorrência das várias lesões ou em decorrência de uma parada cardíaca – ou a perda da consciência. A primeira é inegavelmente uma negação da autonomia e algo que um torturador hábil terá sob seu controle; a última é apenas um provisório "desligamento" da vontade por meio do corpo, que pode ser desfeito recorrendo a estímulos apropriados, como bofetadas, gritos, eletrochoques ou um balde de água fria. Por essa razão, o único limite real da tortura é o *arbítrio* da pessoa que pratica os atos de tortura;[47] e nisso ela difere de outras formas de dominação da mente alheia por meio do corpo.

dd) *Finalidades especiais* são *irrelevantes*.[48] É possível que o torturador busque a obtenção de uma confissão, de uma informação ou simplesmente dobrar a vontade do torturado;[49] que objetive a humilhação ou degradação da sua vítima, o próprio divertimento ou a salvação da vida de uma criança inocente. Inclusive é possível que ele tenha por objetivo o bem-estar da vítima: imagine-se que um carcereiro gostaria de curar a dependência de drogas ou a agressividade de um detento por meio de maus-tratos e de imposição de frio.[50] Sua intenção é problema seu, que não guarda qualquer relação com a pergunta sobre se a vítima está sendo torturada.

46. Conferir também *Sussmann*, Philosophy & Public Affairs 2005, p. 15 e ss, com uma solução alternativa para o problema.

47. Semelhante caracterização em *Davis,* International Journal of Applied Philosophy 2005, p. 165; *Sussmann,* Philosophy & Public Affairs 2005, p. 5 e ss.

48. Mesma conclusão em *Steinhoff* (nota 14), p. 7, 8 e ss. Acudindo a finalidades, contudo, *Vos,* Human Rights Brief 2007, p. 4 e ss. (8); *Farrell* (nota 25), p. 4 e ss., 80 e ss.

49. Especialmente *Miller,* International Journal of Applied Philosophy 1995, p. 181 e s.; *idem* (nota 21), Nr. 1; em substância, também *Kenny* Polity 2009, 10 e ss.; ao que parece, igualmente, *Kinzig* in: Gehl (coord.), Folter, 2005, p. 11, 18 e ss. e *Roxin* FS Eser, p. 464; *idem,* FS Nehm, p. 169, ambos por ocasião da pergunta sobre se a ameaça de tortura já configura tortura.

50. Exemplo semelhante em *Kershnar* (nota 21), p. 5.

ee) Deve-se indagar, ainda, se para a tortura também é necessária a ação (intervenção) de um *agente público*. Seria imaginável supor que a dominação por um terceiro, que é indispensável para fundamentar o estigma da tortura, tornaria necessário o emprego dos recursos daquele que detém o monopólio do uso da força.[51] Contudo, a descrição aqui oferecida leva a que se considere irrelevante essa circunstância. Como exigimos para a tortura que a vítima se encontre sob a guarda do autor, ela está de tal maneira sob o jugo deste, que ele pode ser, ainda que por breve espaço de tempo, até mesmo mais forte que o detentor do monopólio do uso da força.

Contudo, o requisito da relação de guarda revela igualmente – ao lado das considerações de dogmática dos direitos fundamentais de que os direitos humanos e os direitos fundamentais são, em primeira linha, direitos de defesa contra o Estado – o porquê de muitas definições importantes incluírem a atuação de um agente estatal no conceito de tortura: normalmente o Estado é o único que tem o poder de se apoderar dessa forma do corpo de outra pessoa. Como regra estatística, pode-se assim dizer que a tortura geralmente será cometida pelo Estado. Conceitualmente, contudo, *qualquer pessoa*, agente estatal ou não, pode torturar.[52]

4. Síntese

Chega-se, assim, a um conceito adequado de tortura. *Tortura* é a *dominação, fisicamente intermediada, da vontade* de um sujeito que se tem sob a própria *guarda*, dominação essa que encontra um *limite apenas no arbítrio do torturador*.

V. Concretização: pequeno sistema da tortura

Cumpre, por fim, verificar a *capacidade de rendimento* do conceito de tortura que acabo de propor. Tentarei construir um pequeno sistema das hipóteses de tortura, baseado no modelo dualista

51. Nesse sentido, ainda, *Greco* (nota 7). Outro fundamento seria o abuso da confiança do cidadão (assim *Rejali* [nota 16], p. 39, 559).

52. Mesma conclusão em *Davis*, International Journal of Applied Philosophy 2005, p. 163; *Kenny*, Polity 2009, p. 7 e ss.; *Card* (nota 40), p. 211 e ss.; *Steinhoff* (nota 14), p. 8; de opinião diversa *Rejali* (nota 16), p. 39 (com uma exceção, p. 38).

acima mencionado, em que a mente ocupa uma esfera superior, o corpo uma esfera inferior. Começaremos no nível mais baixo, nos aspectos "mais corpóreos" do corpo, e ascenderemos, passo a passo, para a esfera da mente.

1. Os casos que se poderiam denominar de *candidatos positivos*, isto é, aqueles que não oferecem dificuldades de uma perspectiva intuitiva, esmaga-polegares, socos etc., tampouco são um problema para o conceito acima proposto. Os clássicos meios de tortura do antigo processo penal dominavam o corpo por meio de um estímulo bastante determinado, qual seja, a dor, e causavam esse estímulo por meio de uma técnica de intervenção *lesiva para a integridade física*. Contudo, como nós vimos, nem dor, nem lesões à integridade física, são imprescindíveis para o conceito de tortura.

2. Os métodos atuais de obtenção de informação são em certa medida mais sutis. É provável que a principal razão pela qual se tente, atualmente, evitar a lesão à integridade física é menos a consideração de ordem humanitária do que o fato de que o método clássico deixa provas.[53] Alguns dos novos métodos são *baseados na dor* (eletrochoques, impor à vítima que adote posturas corporais não-naturais). Outros são voltados diretamente contra uma *necessidade corporal básica* e nem sequer causam dor: privação do sono,[54] privação de água e alimento, hipertermia ou hipotermia. Outros, por sua vez, intervêm nas *bases bioquímicas* da autodeterminação: estupefacientes, soro da verdade.[55] Em razão da sua natureza corporal, todas essas técnicas configuram tortura.

3. Por meio de nossos sentidos percebemos o mundo; por muito que seja realçado o papel da mente na percepção, desde Kant até a contemporânea psicologia da percepção, permanece inegável que vemos, ouvimos, cheiramos, saboreamos e tateamos objetos

53. Ver a impressionante "lista de torturas limpas" em *Rejali* (nota 16), p. 553 e ss.

54. Acertadamente sublinhando o seu caráter corporal *Davis,* International Journal of Applied Philosophy 2005, p. 163; em sentido contrário, *Sussmann,* Philosophy & Public Affairs 2005, p. 9 (contraditório, cf. p. 11 nota 14, onde a privação de alimento e de líquido são classificadas como tortura).

55. De outra opinião *Davis*, International Journal of Applied Philosophy 2005, p. 169; *Sussmann*, Philosophy & Public Affairs 2005, p. 9 e ss.; *Card* (nota 40), p. 219.

quer o queiramos, quer não. Portanto, uma *sobrecarga dos sentidos* proporciona uma porta aberta para uma sujeição da mente. Luz ou barulho em excesso, odor ou paladar de cadáveres ou de fezes – tudo isso pode configurar tortura. O meio eficaz de sobrecarga do tato é a inflição de dor.

O *nojo* é um difícil caso-limite. Meios nojentos podem converter-se em tortura quando provoquem uma sobrecarga dos sentidos. O nojo, contudo, precisa alcançar uma determinada intensidade. O encarceramento com baratas e ratos que passeiam pelo corpo do encarcerado provavelmente ainda não configura tortura, mas certamente uma hipótese de tratamento degradante.

4. Temores são, em princípio, algo racional, uma grandeza referida a razões e não a estímulos; servir-se de temores não significa necessariamente torturar. Porém, há uma forma de temor que, por assim dizer, é imposta sobre a mente pelo corpo e por seu instinto de sobrevivência, qual seja: *temores fisicamente intermediados*. A causação de dores pode dar lugar a tais temores; ela não é, contudo, o único meio de fazê-lo. Um exemplo, particularmente óbvio, poderia ser a incitação de cães contra prisioneiros, como aconteceu em Abu Graib; segundo relatórios, soldados americanos divertiam-se com uma competição que consistia em ver quem lograva, em primeiro lugar, que sua vítima defecasse.[56] Aqui, o temor manifesta-se de modo particularmente claro: não apenas psicologicamente, senão também fisicamente. Simular uma execução por meio do acionamento do gatilho de uma arma descarregada próxima à cabeça da vítima[57] e técnicas que, atuando de forma física sobre as vítimas, nessas provocam temor inescapável (como o chamado afogamento simulado)[58] são, decididamente, tortura.[59]

5. Paulatinamente, nós nos aproximamos das fronteiras da tortura. Permanece, todavia, duvidoso se a *exploração das fobias* também é tortura. Por uma fobia deve-se aqui entender um temor que

56. Cf. The Fay-Jones Report, in: Torture Papers (nota 13), p. 1070.

57. Negando a tortura, *Miller* (nota 21), Nr. 1.

58. Descrição dessas técnicas in *Rejali* (nota 16), p. 279 e ss.

59. Negando a tortura, ninguém menos que o diretor da CIA, *Porter Goss*, diante do Congresso Norteamericano, que falou abertamente de uma "técnica profissional de interrogatório", citado em *Roth* (nota 13), p. 194.

se baseia em motivos que não são boas razões. Há muitas pessoas que têm medo de pombos; alguém poderia trancá-las em um armário cheio dessas aves. Nesses casos, penso que a referência física é demasiado débil para falar em tortura.[60]

6. Um conceito de *tratamento degradante* deve ser desenvolvido apenas em oportunidade futura. No entanto, é provável que o tratamento degradante não tenha em mira o *status* da vítima como livre, como ente autônomo, mas sim seu status como um *igual*.[61] Colocar a vítima em instalações superlotadas, sujas e mal ventiladas não é, por si só, tortura. Alguns dos acontecimentos que se passaram em Abu Graib, tais como urinar sobre a vítima, destruir o Alcorão, forçar alguns detentos a usar roupas íntimas femininas ou a masturbar-se diante dos demais,[62] tampouco configuram tortura.

Em contrapartida, o *estupro*[63] parece representar tanto um exemplo da tortura[64] quanto um exemplo de tratamento degradante. Mesmo animais sobem uns nos outros para afirmar relações de hierarquia e dominação. A penetração é percebida não apenas como razão, mas também como estímulo doloroso e, às vezes, lesivo à integridade física. Também a penetração com outros objetos como bastões ou canos[65] tem de ser classificada como tortura.

7. Passo a passo alcançamos o cume do pequeno sistema. Na esfera mais elevada, encontra-se a *ameaça* de dor e outros males, como o que ocorreu no caso Daschner: em razão de faltar o aspecto corpóreo, não há, aqui, tortura.[66] A chamada *territio verbalis* do

60. Igual conclusão em *Miller* (nota 21), Nr. 1.

61. Por conseguinte, poder-se-ia entender a tortura como *aliud* e não apenas como uma forma qualificada de tratamento degradante.

62. Noutro sentido *Sussmann*, Philosophy & Public Affairs 2005, p. 28.

63. Sobre a utilização dessa forma de tortura *Booth*, in: Roth (nota 13), p. 117 e ss.

64. Mesma conclusão em *Sussmann*, Philosophy & Public Affairs 2005, p. 28.

65. Também sobre o que aconteceu em Abu-Graib, cf. Fay-Jones Report (nota 55), p. 1076.

66. Em conclusão Tribunal Europeu de Direitos Humanos, Gäfgen vs. Alemanha, Reclamação n. 22978/05 § 118 (a respeito *Ast*, German Law Journal 2010, p. 1393 e ss.); *Hilgendorf*, JZ 2004, p. 339; *Herzberg*, JZ 2005, p. 321 (325 e ss.); *R. Merkel*, FS Jakobs, 2007, p. 375 e ss. (401). De opinião diversa *Kinzig* e *Roxin* (acima, nota 48).

processo medieval que consistia em mostrar ao inquirido os instrumentos de tortura e era uma etapa prévia à utilização desses instrumentos, não é tortura.[67] A única ameaça que todavia pode ser considerada tortura é aquela que está em uma relação espacial (é dizer, que integra a mesma relação de guarda) e temporal de tal forma estreita para com o estímulo, que a decisão da vítima de ceder ainda tenha de ser vista como uma continuação do estímulo corpóreo, como uma decisão do autor. Depois de alguns golpes o autor repete a pergunta: quer falar agora? Esta pergunta é tortura.

Não chega a configurar tortura a audiência realizada no que antigamente se chamava dia da audiência final,[68*] em que a recusa a uma confissão do acusado, possivelmente já torturado, era feita sob a ameça de que as torturas se repetissem. Isso não quer dizer que o sofrimento mental é necessariamente menos pior que a tortura,[69] mas apenas que é um mal diverso.

VI. Conclusão

Tortura é a dominação da vontade de um sujeito que se tem sob a própria guarda, dominação intermediada corporalmente e cujo único limite é o arbítrio do torturador. Ao elevar a natureza física ou corpórea dos meios de tortura a critério central de delimitação, o conceito proposto não apenas esclarece a específica natureza dessa lesão à autonomia; ele dá ademais à vaga noção de tortura contornos fixos e lhe permite abranger, de forma segura e livre de manipulações, métodos modernos e "assépticos" como o afogamento simulado.

Por último, a natureza corpórea da tortura permite construir uma espécie de pequeno "sistema" de suas formas de manifestação. Ele

67. Diversamente *Schild* in: Gehl (nota 48), p. 59, 61.

68. * (N.T.) No original, endlicher Rechtstag. O processo inquisitorial do medievo alemão, que encontrou sua expressão mais acabada na Constitutio Criminales Carolina, de 1532, era predominantemente escrito e secreto; ele previa, contudo, um ato final oral e público, em que as provas legais necessárias para a condenação, isto é, a confissão ou o depoimento de duas testemunhas, eram produzidas aos olhos de todos. Em seguida, lia-se a condenação, que o juiz presidente do tribunal já trazia escrita (cf. Schroeder [coord.], Die Peinliche Gerichtsordnung Kaiser Karl V. [Carolina], ed. Reclam, Stuttgart, 2000, Art. 79 e ss.)

69. Isso é de conceder-se a *Matthews* (nota 17), p. 41 e ss.

inicia pelo "inferior", em casos extremos clássicos de dolorosa lesão substancial (ex.: socos). Em um degrau mais elevado, mas ainda nessa zona inferior, encontra-se a manipulação das necessidades corporais básicas (privação de alimentos ou privação do sono) ou condições bioquímicas de funcionamento do corpo (soro da verdade). Em um estrato "intermediário", encontram-se as técnicas que se aproveitam da receptividade dos cinco sentidos (barulho ou excesso de luz). Finalmente, no estrato mais elevado, estão os grupos de casos dos temores mentais provocados por meio de estímulos físicos (afogamento simulado). Coação com impacto puramente psíquico (sobretudo a ameaça de tortura) não é mais tortura.

OPÕE-SE O PRINCÍPIO DA CULPABILIDADE À PENALIZAÇÃO DE PESSOAS JURÍDICAS?

REFLEXÕES SOBRE A CONEXÃO ENTRE PENA E CULPABILIDADE

I. Introdução

A Alemanha, diferentemente do Brasil, ainda não conhece uma responsabilidade penal da própria pessoa jurídica. Tal não se deve a uma falta de discussão. Após um debate sobre a necessidade de reforma na virada do milênio, a questão se tinha por resolvida.[1] Em 2013, contudo, um projeto de lei da Secretaria de Justiça do Estado da Renânia do Norte-Vestfália reacendeu o debate.[2] O principal trunfo

1. Ver o Relatório Final, apresentado no ano de 2000, pela "Comissão para Reforma do Sistema Sancionatório Penal", convocada pelo Ministério de Justiça da Alemanha, in: *Hettinger (coord.)*, Reform des Sanktionenrechts, vol. 3: Verbandsstrafe, 2002, p. 351 ss.

2. Projeto de lei para introdução de responsabilidade penal de empresas e demais pessoas coletivas do estado Renânia do Norte-Vestfália, acessível em: <https://www.strafrecht.de/media/files/docs/Gesetzentwurf.pdf> (data de acesso: 5 de setembro de 2018); para críticas, *Schünemann*, Zur Frage der Verfassungswidrigkeit und der Folgen eines Strafrechts für Unternehmen, 2013; *idem,* ZIS 2014, 1 (7 ss.); *Beulke/Moosmayer*, CCZ 2014, 146; *Dierlamm*, FS Feigen, 2014, p. 25 ss.; *Hoven*, ZIS 2014, 19 ss.; *Löffelmann*, JR 2014, 185 ss.; *Zieschang*, GA 2014, 91; cf. ademais, os artigos em ZIS 2015, 1 ss.

daqueles que, ainda majoritariamente, opõem-se a esse propósito de política legislativa é o argumento da contradição entre a penalização da pessoa jurídica e o princípio da culpabilidade.[3] Esse argumento tem, na Alemanha, uma força especial: com ele se impõem à pretensão de reforma não apenas limites de ordem filosófica ou político-jurídica, senão de ordem constitucional ou jurídico-positiva, já que ao princípio da culpabilidade, como derivado da dignidade humana (art.

3. Na literatura científica, *Engisch*, Verhandlungen des 40. Deutschen Juristentages, vol. 2, 1953, p. E 7 (24 s.); *Lange*, JZ 1952, 261 (264); *Bruns*, JZ 1954, 251 (252 s.); *Lang-Hinrichsen* FS H. Mayer, 1965, p. 49 ss. (53); *Schünemann*, Unternehmenskriminalität und Strafrecht, 1979, p. 233 s.; *idem*, Madrid-Symposium, 1994, p. 265 ss. (281); *idem*, Eser et alii (coord.), Criminal Responsibility of Legal and Collective Entities, p. 225 ss. (p. 228 s.); *idem*, FS Tiedemann, 2008, p. 429 ss. (433, 439); *Pimentel*, Repertório IOB de Jurisprudência 12/1990, 232 ss. (232); *Maurach/Zipf*, AT Vol. I, 8. ed. 1992, § 35 nm. 27; *Ransiek*, Unternehmensstrafrecht, 1996, p. 343 ss.; *Köhler*, AT, 1997, p. 562; *Athanassiou*, Strafbarkeit der juristischen Personen am Beispiel des Umweltstrafrechts, 2002, p. 66 ss.; *Möllering*, in: Hettinger (nota 1), p. 71; *Feijoo Sánchez*, Montealegre Lynett (coord.), El funcionalismo en derecho penal, Vol. 1, Bogotá, 2003, p. 351 ss. (357, 364); *Kirch-Heim*, Sanktionen gegen Unternehmen, 2007, p. 167; *Lüderssen*, in: Kempf et alii (coord.), Unternehmensstrafrecht, 2012, p. 79 ss., 105; *Gracia Martín*, in: Libro homenaje a Schünemann, Vol. II, Lima, 2014, p. 107 ss. (143 ss.); assim como os autores listados na nota 17; no mesmo sentido, *Rudolf Schmitt*, Strafrechtliche Maßnahmen gegen Verbände, 1958, p. 196 (no entanto, não está claro se *Schmitt* argumenta partindo do conceito de pena); *Rodríguez Mourullo*, FS Tiedemann, 2008, p. 545 ss. (561); desde uma perspectiva político-jurídica, ver Relatório Final da Comissão (nota 1), p. 354; dm sentido diverso, *Heine*, Strafrechtliche Verantwortlichkeit von Unternehmen, 1995, p. 264 s.; *Figueiredo Dias*, in: Podval (coord.), Temas de direito penal econômico, São Paulo, 2000, p. 11 ss. (55 ss.): ente análogo ao indivíduo; *Bustos*, in: Moreno (coord.), Globalización e internacionalización del derecho penal, México D.F. 2003, p. 333 ss. (335 ss.); *Böse*, FS Jakobs, 2007, p. 15 ss. (p. 25), que, no entanto, ao mesmo tempo admite a impossibilidade de imputar uma culpabilidade personalíssima; *Marinucci*, Libro Homenaje Gimbernat, vol. 1, Madrid, 2008, p. 1173 ss. (1196); *Nieto Martín*, FS Tiedemann, 2008, p. 485 ss. (501); *Vogel*, in: Kempf et alii (nota 3), p. 205 ss. (208); *Schmitz*, no mesmo volume, p. 311 ss. (312); *Ortiz de Urbina*, in: Silva Sánchez/Miró Llinares (coords.), La teoría del delito en la práctica penal económica, Madrid, 2013, p. 463 ss. (476, 498); *Zugaldía*, La responsabilidad criminal de las personas jurídicas, Valencia, 2013, p. 16 s.; e os autores listados abaixo no fim da nota 13 e nas notas 34-36.

1 I da Lei Fundamental, a Constituição Federal Alemã),[4*] reconhece-se hierarquia constitucional.[5] Ao mesmo tempo, espera-se, com esse apelo a um princípio fundamental, reconhecido em importante decisão do Tribunal Constitucional alemão sobre o Tratado de Lisboa como inalterável pelo processo de integração na União Europeia ("integrationsfest"), retirar força ao difundido argumento que alude a uma tendência internacional ou europeia no sentido da punição da pessoa jurídica.[6] Dessa forma, revela-se como ponto central do debate a pergunta sobre se a penalização das pessoas jurídicas viola o princípio da culpabilidade, questão essa que deve ser esclarecida antes de qualquer esforço de reforma.[7]

4. *(N.T.) Art. 1 I da Lei Fundamental: "A dignidade do ser humano é inviolável. Respeitá-la e protegê-la é dever de todo poder estatal."

5. Ver, por exemplo, BVerfGE 45, 187 (228) – Pena de prisão perpétua; 123, 267, 413 – Tratado de Lisboa. Sobre a fundamentação constitucional do princípio de culpabilidade, *H.A. Wolff* AöR 1999, 55 ss.; *Hörnle*, FS Tiedemann, 2008, p. 325 ss.; *idem*, FS Schünemann, 2014, p. 92 ss. (99 ss.); e *Kaspar*, Verhältnismäßigkeit und Grundrechtsschutz im Präventionsstrafrecht, 2012, p. 267 ss.

6. Nesse sentido, a Decisão de Lisboa (*Lissabon-Entscheidung*) (ver acima, nota 4) foi interpretada por vários autores como uma rejeição a que se introduza a penalização da pessoa jurídica, *F. Zimmermann*, Jura 2009, 844 (851); *Köhler*, FS Puppe, 2011, p. 1461 ss. (1482); *Grünewald*, JZ 2011, 972, 977; cautelosamente, mas também nesse sentido *J. Meyer*, NStZ 2009, 657 (660); *Frisch*, FS Wolter, 2013, p. 349 ss. (373); diferentemente, *Böse*, ZIS 2010, 76 (80 nota 63); *Vogel* (nota 3), p. 208. – Uma menção às tendências internacionais em *Dannecker*, GA 2001, 101 ss., 106 s. (de forma crítica e com razão, *von Freier*, GA 2009, 100: "positivismo internacionalista"); para uma listagem dos documentos jurídicos internacionais ver *Möhrenschläger*, in: Hettinger (nota 1), p. 27 ss.; *Hartan*, Unternehmensstrafrecht in Deutschland?, 2006, p. 45 ss.; *Pieth*, in: Kempf et alii (nota 3), p. 395 ss. (396 s.). – Para uma perspectiva de direito comparado, ver também Madrid-Symposium, 1994, p. 297 ss., Coimbra-Symposium, 1995, p. 307 ss., ZStW 126 (2014), 27 ss. e *Brodowski* et alii. (coords.), Regulating Corporate Criminal Liability, Heidelberg et alii., 2014, p. 53 ss., todos com numerosas referências; Bundesjustizministerium, in: *Hettinger* (nota 1), p. 259 ss.; *Haeusermann*, Der Verband als Straftäter und Strafprozeßsubjekt, 2003, p. 34 ss.; *Hartan* (nota 5), p. 156 ss.; *Pradel*, Droit pénal comparé, 3ª. ed. Paris 2008, nm. 119 ss.; *Hilf*, in: Rotsch (coord.), Criminal Compliance Handbuch, 2009, § 9; *idem*, SchwZStr 2011, 258.

7. *Bustos* (nota 3), p. 335; *Haeusermann* (nota 5), p. 147; *Hartan* (nota 5), p. 121: "ponto nevrálgico"; *Sachs*, in: Kempf et alii (nota 3), p. 195 ss. (199); *Böse* (nota 3), p. 15; diferentemente, *Bosch*, Organisationsverschulden im Unternehmen, 2002, p. 42 s. e seguindo-o, *Vogel* (nota 3), p. 208 s., para quem

O presente artigo não tem por objeto um problema de interesse exclusivamente alemão. Ele é escrito de uma *perspectiva também brasileira*, para a qual o problema central da compatibilidade entre pena de pessoa jurídica e princípio da culpabilidade igualmente se coloca. É verdade que o *status* constitucional do princípio da culpabilidade é menos consolidado no Brasil do que na Alemanha. De qualquer forma, a constituição brasileira oferece vários pontos de apoio capazes de alicerçar o princípio da culpabilidade: penso, em especial, no inciso XLV do art. 5º da CF, que dispõe que a pena não passará da pessoa do condenado, e nos incisos XLVI (individualização da pena) e XLVII (principalmente a proibição de penas cruéis, alínea e]). É por essa razão que a doutrina brasileira começa a manifestar-se no sentido da natureza constitucional do princípio da culpabilidade.[8] Fala-se, no Brasil, mais em um princípio da pessoalidade da pena ou da responsabilidade pessoal[9] do que em um princípio da culpabilidade; o importante, aqui, é observar que se trata de duas denominações para um fenômeno único. Boa parte da doutrina, ademais, afirma a incompatibilidade desse princípio com a punição de pessoas jurídicas.[10] Com isso, o problema da compatibilidade entre punição da pessoa jurídica e princípio da culpabilidade é igualmente um problema de direito constitucional. O fato de que, no Brasil, o legislador tenha se apressado e, sem discutir a questão, introduzido desde 1996 a responsabilidade penal da pessoa jurídica (art. 3º Lei 9.605/1996) é apenas mais um exemplo da falta de cuidado com que se legisla no Brasil.[11]

o problema central do direito penal de pessoas jurídicas seria sua incompatibilidade com o princípio de determinação da lei penal; und *Wohlers,* in: Kempf et alii (nota 3), p. 231 ss. (234), que enxerga na capacidade das pessoas jurídicas de sofrer uma pena o problema central.

8. *Galvão,* Direito Penal, Parte Geral, p. 145 e s., que deriva o princípio do inciso LVII do art. 5º (presunção de inocência); ao que parece, *Rodríguez,* Fundamentos de Direito Penal Brasileiro, São Paulo, 2010, p. 90.

9. Assim, por ex., *Queiroz,* Direito Penal, Parte Geral, 2ª. ed., São Paulo, 2005, p. 44 e ss.

10. Por ex., *Bitencourt,* A (i)responsabilidade penal da pessoa jurídica – incompatibilidades dogmáticas, in: Greco/Tavares Lobato (coords.), Temas de Direito Penal, Parte Geral, Rio de Janeiro, 2008, p. 93 e ss. (105 e ss.); *Tavares Lobato,* Direito penal ambiental e seus fundamentos, Curitiba, 2011, p. 148 e ss.

11. Cf., por todos, as críticas à Lei 9.605 em 1999, *Reale* Júnior, A lei de crimes ambientais, Revista Forense 1999, p. 121 e ss. (p. 127: "lei penal

O ponto de partida do presente estudo será a constatação de que qualquer tentativa de fundamentar um reproche de culpabilidade às pessoas jurídicas tem de fracassar (II). Por consequência, se esse princípio for aplicável à pessoa jurídica, não será possível escapar à conclusão de que estará violado o princípio da culpabilidade. O que tentarei esclarecer em seguida é esse "se": o princípio da culpabilidade se aplica à pessoa jurídica? Para responder a essa pergunta, ter-se-á de refletir sobre os conceitos jurídicos fundamentais de pena e de culpabilidade e, sobretudo, sobre a relação interna existente entre eles – concretamente, sobre o fundamento da afirmação, frequentemente tida como óbvia, de que pena exige culpabilidade (III). Em um passo seguinte, retornarei à pessoa jurídica e me esforçarei por esclarecer se esse fundamento também é a ela extensível; minha resposta será negativa (IV). Isso ainda não significa, entretanto, que o caminho está livre para introduzir a penalização de pessoas jurídicas: porque falar em pena em um contexto no qual não há uma verdadeira culpabilidade significa abrir um precedente de uma pena sem culpabilidade (IV). É aqui que se situa o verdadeiro problema da punição de pessoas jurídicas.

Concluirei que a punição de pessoas jurídicas, ainda que não viole os seus próprios direitos subjetivos, não é compatível com o princípio da culpabilidade, na dimensão de princípio jurídico de natureza objetiva. Em razão disso, essa punição é claramente ilegítima e, além disso, em boa parte, inconstitucional.

II. Ponto de partida: impossibilidade de uma culpabilidade da pessoa jurídica

Do extenso debate científico sobre a culpabilidade da pessoa jurídica parece-me possível extrair uma sucinta conclusão: essa culpabilidade não existe. Para isso, sequer é necessário eleger como ponto de partida o conceito um tanto moralizante de culpabilidade de que se valeu o Bundesgerichtshof, o Tribunal alemão equivalente ao STJ, para o qual "a razão interna da censura por culpabilidade

ditatorial"); para o exemplo mais paradigmático dessa falta de cuidado, cf. o (felizmente fracassado) Projeto de Código Penal 236/2012, cf. amplamente *Leite* (coord.), Reforma penal. A crítica científica à Parte Geral do Projeto de Código Penal (PLS 236/2012), São Paulo, 2015.

repousa no fato de que o ser humano é orientado à autodeterminação livre, responsável e moral e, por isso, é também capaz de se decidir pelo direito e contra o injusto".[12] É possível extrair essa conclusão já de qualquer conceito de culpabilidade que não seja totalmente vazio de conteúdo (abaixo *1*); os modelos especificamente desenvolvidos para as pessoas jurídicas (abaixo *2, 3*) não oferecem aqui qualquer solução.

1. O conceito "vazio" de culpabilidade

Como acabo de afirmar, só é possível afirmar a culpabilidade da pessoa jurídica quando se defende um conceito de culpabilidade que, a meu ver, pode ser designado como vazio. Tais conceitos vazios de culpabilidade – por ex., o chamado conceito social de culpabilidade,[13] segundo o qual o juízo de culpabilidade não se dirige ao indivíduo concreto, senão a um indivíduo médio construído pela ordem jurídica, ou o conceito funcional de culpabilidade, que entende a culpabilidade como um derivado da prevenção geral,[14] ou o recente conceito positivista defendido por *Herzberg*, para o qual a culpabilidade significa apenas a ausência de exculpantes legalmente preestabelecidas[15] – não

12. BGHSt 2, 194 (200); de forma bastante semelhante, BVerfGE 123, 267 (413): "O direito penal se assenta no princípio da culpabilidade. Esse pressupõe a responsabilidade do homem, que determina suas próprias ações e pode se decidir, graças à liberdade de sua vontade, entre justo e injusto."

13. Defendido, por exemplo, por *Jescheck/Weigend,* AT, 5ª. ed. 1996, p. 427 s.; *Krümpelmann*, ZStW 88 (1976), 6 ss. (31); *Lackner/Kühl,* StGB, 28ª. ed. 2014, vor § 13 nm. 23; recorrem a esse conceito, por exemplo, *Tiedemann*, NJW 1988, 1168 (1172); *H.J. Schroth,* Unternehmen als Normadressaten und Sanktionssubjekte, 1993, p. 200; contra essa ideia, na doutrina brasileira, *Pêcego*, LH Dotti, Rio de Janeiro, 2016, p. 309 e ss. (326 e ss.).

14. *Jakobs*, Schuld und Prävention, 1976, p. 3 ss.; *idem*, AT, 2. ed. 1993, § 17 nm. 18 ss., 22; *idem*, Das Schuldprinzip, 1993, p. 7 ss.; *idem*, System der strafrechtlichen Zurechnung, 2012, p. 61; de forma crítica, com outras referências, *Greco*, Lebendiges und Totes in Feuerbachs Straftheorie, 2009, p. 499 s. (= Lo vivo y lo muerto en la teoría de la pena de Feuerbach, trad. Dropulich/Béguelin, Madrid etc., 2015, p. 388) – No sentido de uma "culpabilidade funcional de órgão" *H.J. Schroth* (nota 12), p. 204, 209; *Haeusermann* (nota 5), p. 152 ss., que não apela a um conceito de culpabilidade funcional, senão a uma ideia de culpabilidade pela organização (cf. abaixo 3).

15. *Herzberg*, Willensunfreiheit und Schuldvorwurf, 2010, p. 126 s. e *passim*; *idem*, FS Achenbach, 2011, p. 157 ss.; *idem*, ZStW 124 (2012), 12; *idem*, FS Schünemann, 2014, p. 391 ss.; *idem*, GA 2015, 250.

teriam, de fato, qualquer problema com a penalização de pessoas jurídicas.[16] Esses posicionamentos tampouco teriam, no entanto, algum problema com a "strict liability" do *common law*, isto é, com uma responsabilidade penal sem dolo ou culpa,[17] ou com a punição de crianças ou animais. Com isso, torna-se claro também que tal conceito de culpabilidade só conserva da culpabilidade o nome; ele se deixa reduzir *ad absurdum*.[18]

Os conceitos de culpabilidade acima mencionados foram chamados de vazios, apesar de não estarmos habilitados, nesse momento, a pressupor muito sobre o conteúdo do conceito de culpabilidade; isso será retomado apenas na seção II. Aqui, no entanto, já podemos afirmar, como conteúdo mínimo de qualquer conceito de culpabilidade digno desse nome, que culpabilidade é algo que o próprio indivíduo culpável traz para si. Alguém *se faz* culpável por um comportamento errôneo (ou, de forma ainda mais neutra, por uma falha). A culpabilidade é, nesse sentido, personalíssima (*höchstpersönlich*): não é possível tornar-se culpável, que não por seu próprio comportamento;[19] A não pode fazer de B uma pessoa culpável. Assim, quando se afirma que a culpabilidade, ao perder a sua natureza de conceito psicológico para tornar-se um conceito normativo, não estaria mais na cabeça do autor, senão na cabeça do juiz,[20] ou

16. *Jakobs*, AT, § 6 nm. 45: "tanto no que se refere à ação quanto à culpabilidade são idênticas, portanto, as formas dogmáticas (não apenas os nomes) em relação às pessoas naturais e às jurídicas" (diferentemente, entretanto, *idem*, FS Lüderssen, 2002, p. 569 ss.; de forma pormenorizada sobre a evolução do pensamento de Jakobs *Orce*, in: Montealegre Lynett [nota 3], Vol. 2, p. 369 ss.); rigorosamente positivista também *Vogel* (nota 3), p. 207. Também próximo a isso é o conceito de culpabilidade jurídica defendido por *Paliero*, FS Tiedemann, 2008, p. 503 ss. (507), cuja substância consiste em um "horizonte de deveres subjetivos diante da sociedade, cujas violações, mesmo que por meio de sujeitos coletivos, permitem a formulação de um juízo de reproche".

17. Para referências sobre a *strict liability* cf. abaixo, nota 72.

18. De forma semelhante, *Schünemann*, Madrid-Symposium (nota 3), p. 284; *idem*, FS Tiedemann (nota 3), p. 432 (contra Schroth), que acusa de circular aquele conceito de culpabilidade.

19. Da mesma forma, *Otto*, Die Strafbarkeit von Unternehmen und Verbänden, 1993, p. 15 ss.; *Gracia Martín* (nota 3), p. 143; *C. Jäger* FS I. Roxin, 2012, p. 43 ss. (50); *Bock*, Criminal Compliance, 2011, p. 399, *Zieschang*, GA 2014, 95; diferentemente, por exemplo, *Heine* (nota 3), p. 263 s.

20. *Rosenfeld*, ZStW 32 (1911), 466 (469); *Maurach/Zipf*, AT I § 30 nm. 19.

que a culpabilidade seria uma imputação[21] ou uma atribuição,[22] tais expressões não podem ser tomadas ao pé da letra.

2. *O chamado modelo de imputação*

A partir desse conteúdo mínimo do conceito de culpabilidade, torna-se claro tanto, de um lado, por que existem tantos esforços de construir uma culpabilidade para pessoas jurídicas e, ao mesmo tempo, por que todos esses esforços estão fadados ao fracasso.

Segundo o assim chamado "modelo de imputação", imputa-se à pessoa jurídica a culpabilidade de um indivíduo que se encontre em uma determinada relação de proximidade com a pessoa jurídica.[23] A pessoa jurídica não se faz, ela mesma, culpável; a culpabilidade de indivíduo lhe é transferida, imputada.

Que dizer desse modelo? No direito penal há, aparentemente, casos nos quais se imputa a alguém comportamento de um terceiro:[24] pode-se pensar na coautoria, (talvez também[25]) na autoria mediata, na

21. *Achenbach*, Historische und dogmatische Grundlagen der strafrechtssystematischen Schuldlehre, 1974, p. 220 s., que gostaria de ver substituído o conceito tradicional de culpabilidade (mais precisamente: a por ele chamada culpabilidade fundamentadora de pena) pelo conceito de imputação individual ou imputabilidade; *Neumann*, Zurechnung und Vorverschulden, 1985, em especial p. 269 ss.

22. *Achenbach*, in: Schünemann (coord.), Grundfragen des modernen Strafrechtssystems, 1984, p. 135 ss. (149), que, no entanto, defende um conceito de culpabilidade funcional (em especial, p. 144).

23. Um tal modelo parece ter sido acolhido pelo direito espanhol; instrutivo *Silva Sánchez*, in: Kempf et alii (nota 3), p. 59 ss. (63 ss.), que também chama atenção a certas discrepâncias do regramento positivado; *idem*, Fundamentos del derecho penal de la empresa, Montevideo/Buenos Aires, 2014, p. 243 ss. (256 ss.); ver também sobre a discussão de reforma alemã BJM, in: Hettinger (nota 1), p. 155 ss. Em relação ao direito espanhol ainda *de la Cuesta/Pérez Machío*, FS Tiedemann, 2008, p. 527 ss. (542); *Martínez Cantón* FS Wolter, 2013, p. 1371 ss.; *González Sierra*, La imputación penal de las personas jurídicas, Valencia, 2014, p. 113 ss. e *passim*.

24. Sobre a limitada relevância do conhecido princípio da responsabilidade pessoal *Greco*, ZIS 2011, p. 9 e ss. (esse estudo encontra-se traduzido para o português em Greco/Leite/Teixeira/Assis, Autoria como domínio do fato, Madrid etc., 2014, p. 203 e ss.).

25. Não é possível, nesse espaço, esclarecer se de fato existe uma imputação de um comportamento de terceiro, ou se, pelo contrário, apesar da inserção fenotípica de um terceiro, existe apenas uma responsabilidade por um

participação ou em casos específicos de relações de garantidor. No entanto, não é uma coincidência que todas essas figuras de imputação que acabo de mencionar operem unicamente no plano do injusto e não no da culpabilidade. Ao plano da culpabilidade se aplica, pelo contrário, o princípio positivado no § 29 do Código Penal alemão e no final do caput do art. 29 do Código Penal brasileiro: a cada um segundo sua culpabilidade.[26] A culpabilidade é, como dito, personalíssima.

Uma possível saída seria aperfeiçoar o modelo, afirmando que a imputação, aqui, seria na verdade uma imputação de um injusto alheio; a afirmada imputação de culpabilidade ocorreria apenas como reflexo da imputação do injusto.[27] Ainda assim, seria necessário um fundamento para essa imputação de um injusto alheio.[28] Mais: esse fundamento tem de ser passível de recondução a um comportamento próprio da pessoa jurídica – assim como na coautoria, na autoria mediata e na participação – ou – como na posição de garantidor – ao menos, a uma relação de domínio entre a pessoa jurídica e o autor.[29] Nada disso existe, entretanto; a pessoa jurídica não domina ninguém que atua por ela.[30] Seria, talvez, possível apontar para um comportamento da pessoa jurídica – algo como a investidura de pessoas físicas na qualidade de órgãos ou procuradores. Com isso, entretanto, o problema da imputação não faria mais que ressurgir em momento diverso, já que esse comportamento, por sua vez, também é realizado apenas por pessoas naturais. Em outras palavras, na melhor das hipóteses, ou seja, até mesmo quando entendido como um modelo de

fazer personalíssimo, isto é, por aquilo que fundamenta o próprio domínio da vontade.

26. Para o conteúdo dessa oração, de forma mais precisa *Puppe*, ZStW 120 (2008), 504; também lembra o preceito *Schünemann*, in: Eser et alii (nota 3), p. 229.

27. Portanto, somente quando a culpabilidade estiver relacionada com a realização do injusto.

28. *Neumann*, in: Kempf et alii (nota 3), p. 13 ss. (18); *Frisch* (nota 5), p. 353 s.; não considerado suficiente por *Böse* (nota 3), p. 20.

29. Pressupondo que a relação de domínio seria a ideia que está por trás de cada uma das posições de garante, fundamentos em *Schünemann*, Grund und Grenzen der unechten Unterlassungsdelikte, 1971, p. 229 ss.; *idem*, LK-StGB, 12. ed. 2007, § 25 nm. 41, 164 ss.; *Roxin*, AT II, 2003, § 32 nm. 17 ss.

30. *Schünemann*, FS Tiedemann (nota 3), p. 431.

imputação do injusto, o modelo de imputação conduz a um regresso *ad infinitum.*[31]

O paralelo aqui traçado com os reconhecidos casos de imputação de um injusto alheio esclarece, ao mesmo tempo, por que outras razões nas quais se baseiam alguns dos defensores do "modelo de imputação"[32] e em que se fundamenta o direito brasileiro – algo como uma ação "em nome ou por conta" ou "em benefício" da pessoa jurídica, ou, na redação da lei brasileira, "decisão de seu representante legal ou contratual, ou de seu órgão colegiado, no interesse ou benefício da sua entidade" (art. 3 *caput* Lei 9.605/1996) – não fazem sentido no presente contexto.[33] O fato de que alguém, mesmo autorizado, atue em meu nome ou em meu benefício não me faz coautor, autor mediato ou partícipe, menos ainda garantidor. Com muito maior razão, nenhuma dessas circunstâncias pode levar a que seus erros possam ser atribuídos a mim, como se meus fossem.[34] Concretamente: o réu de uma ação de cobrança não será condenado por homicídio se o advogado, por iniciativa própria, mas atuando em nome e para o benefício do cliente, matar o demandante.

O modelo de imputação, em síntese, falha por duas razões: em primeiro lugar, não é possível imputar culpabilidade alheia; em segundo lugar, carece-se de razões para a imputar o injusto alheio.

31. Muito próximo a isso, *Schünemann*, in: Eser et alii (nota 3), p. 230; *idem,* FS Tiedemann (nota 3), p. 437;

32. Por exemplo, *Vogel* (nota 3), p. 211; ver a discussão de possíveis razões para essa imputação em Bundesministerium der Justiz (Ministério da Justiça do Governo Federal), in: Hettinger (nota 1), p. 167 ss.; para os fundamentos de imputação do direito espanhol, conferir *Silva Sánchez* (nota 22), p. 64.

33. Criticamente, também *Köhler*, AT, p. 562; *Silva Sánchez* (nota 22), p. 64 s.; *Neumann* (nota 27), p. 18; *Frisch* (nota 5), p. 357 ss., 361.

34. O erro da analogia com as formas de participação, à qual recorre *Tiedemann*, NJW 1988, 1172 (da mesma forma o Projeto de Lei da Renania do Norte-Vestfália [nota 2], p. 30), é reconhecido igualmente por defensores (*Hirsch,* Die Frage nach der Straffähigkeit von Personenverbänden, 1993, p. 10) e opositores (*Schünemann*, in: Eser et alii [nota 3], p. 230; *idem,* Zur Frage... [nota 2], p. 15; *Feijoo* Sánchez [nota 3], p. 360 s.; *Frisch* [nota 5], p. 354 s.) da responsabilidade penal da pessoa jurídica: participação ocorre por meio do próprio comportamento de quem participa.

3. Culpabilidade própria da pessoa jurídica

O caráter personalíssimo da culpabilidade e, com isso, a impossibilidade de uma imputação de culpabilidade parecem ser o que levou parte da doutrina a empenhar esforços no sentido de encontrar uma culpabilidade própria, ou seja, originária, ao invés de derivada, da pessoa jurídica. Dentre os esforços nesse sentido, o mais importante se refere ao modelo da "culpabilidade pela organização", que remonta predominantemente a *Tiedemann*. Segundo esse modelo, recai sobre a pessoa jurídica um dever próprio de organizar-se de tal maneira que em seu seio não ocorram violações a normas jurídicas.[35] Abordagens mais modestas de um ponto de vista teórico depreendem a culpabilidade originária da pessoa jurídica da linguagem cotidiana,[36]

35. *Tiedemann*, NJW 1988, 1172; *idem*, Wirtschaftsstrafrecht AT, 4. ed. 2014, nm. 377; *idem*, in: Brodowski et alii (nota 5), p. 11 ss. (17); importante também *Heine*, (nota 3), p. 271 ss., 312 ss. ("gestão defeituosa de risco"); seguindo a Tiedemann *Zugaldía*, Madrid-Symposium, 1994, p. 327 ss. (329); *García Arán*, in: Libro Homenaje Torío López, Granada, 1999, p. 325 ss. (331); *Dannecker*, GA 2001, 112 ss.; *Reyes Alvarado*, FS Tiedemann, 2008, p. 413 ss. (424 s.); *Nieto Martín*, La responsabilidad penal de las personas juridicas, Madrid, 2008, p. 145 ss.; *idem*, (nota 3), p. 498; *Paliero* (nota 15), p. 504 ss.; *Marinucci* (nota 3), p. 1196 s.; *González Sierra* (nota 22), p. 378 ss.; de forma semelhante, *Feijoo Sánchez*, in: Libro homenaje a Schünemann, Vol. II, Lima, 2014, p. 41 ss. (68 ss.); *Schroth* e *Haeusermann*, como a nota 15; assim, também *Achenbach*, Coimbra-Symposium, 1995, p. 283 ss. (303 ss.); no Brasil, *Sarcedo*, Compliance e responsabilidade penal da pessoa jurídica: construção de um novo modelo de imputação, baseado na culpabilidade corporativa, Tese USP, São Paulo, 2014, p. 132 e ss., 219 e ss.; e, ao que parece, *Silveira/Saad-Diniz*, Compliance, Direito Penal e Lei Anticorrupção, São Paulo, 2015, p. 111; para sociedades de capital aberto *Salditt*, FS Achenbach, 2011, p. 433 ss. (441 ss.), que seriam, a seu ver, capazes de ser destinárias de normas; ver, também, a respeito, *Feijoo Sánchez*, in: Cuestiones actuales de derecho penal económico, Buenos Aires, 2009, p. 49 ss. e as contribuições em Gómez-Jara (coord.), Modelos de autorresponsabilidad penal empresarial, Navarra, 2006.

36. *Hirsch* (nota 33), p. 13 ss.; a ideia é levada adiante por *Ehrhardt*, Unternehmensdelinquenz und Unternehmensstrafe, 1994, p. 186 ss.; é, de certa forma, surpreendente que um defensor do finalismo se contente com uma referência à linguagem cotidiana e não se esforce no sentido de investigar a respectiva estrutura lógico-real (justificadamente crítico *Schünemann*, Madrid-Symposium [nota 3], p. 283 nota 55; *idem*, in: Eser et alii [nota 3], p. 230; também de forma crítica, *Kirch-Heim* [nota 3] p. 161).

enquanto posturas mais pretensiosas recorrem, sobretudo, à teoria dos sistemas.[37]

Essas perspectivas podem ser questionadas, independentemente de que se tome partido em favor do da teoria da ficção formulada por *Savigny*,[38] que, de um ponto de vista rigorosamente individual-atomista, nega-se a reconhecer realidade a uma associação de pessoas. Dizia esse autor em famosa passagem: "O direito penal tem como objeto o homem natural, como uma essência pensante, volitiva e sensitiva. A pessoa jurídica não é, entretanto, uma tal essência, senão apenas um ser titular de patrimônio; está, por isso, totalmente fora do âmbito do direito penal."[39] Não é preciso ir tão longe. Independentemente dessa discussão sobre a natureza da pessoa jurídica, não se pode negar que o ente coletivo não se organiza a si mesmo, senão que sua organização é reconduzível, em última análise, a decisões e comportamentos de pessoas naturais que por ele atuam.[40] Nesse

37. *Gómez-Jara*, La culpabilidad penal de la empresa, Madrid/Barcelona, 2005, p. 82 ss. und passim; *idem*, Libro Homenaje Rodríguez Mourullo, 2005, p. 425 ss.; *idem*, ZStW 119 (2007), 290 ss. (307 ss.); *idem*, in: Silva Sánchez/ Miró Llinares (nota 3), p. 502 ss.; *idem*, in: Libro homenaje a Schünemann, Vol. II, Lima, 2014, p. 89 ss. com base no chamado conceito de culpabilidade construtivista (a respeito *Pastor Muñoz* InDret 2/2006); *Reyes Alvarado* (nota 34), p. 413, 418 s. ("ações complexas"); *S. Bacigalupo*, Responsabilidad penal de las personas jurídicas, Buenos Aires, 2001, p. 346 ss.; *Schmitt-Leonardy*, Unternehmenskriminalität ohne Strafrecht, 2013, p. 412 ss., 429, 532; *idem*, ZIS 2015, 11 ss. (15 ss., 18); de forma próxima, *Dannecker*, GA 2001, 108 ss.; *Lampe*, ZStW 106 (1994), 683 ss. (693 ss., 703: "sistemas de injusto" ["Unrechtssysteme"]); *Artaza Varela*, La empresa como sujeto de imputación de responsabilidad penal, Madrid, 2013, p. 293 ss.; críticos *Frisch* (nota 5), p. 370 s.; *Robles Planas* InDret 2/2006, p. 15 ss.; *idem*, InDret 2/2009, p. 5 ss.; *Jakobs*, FS Lüderssen (nota 13), p. 570 s.; *Schünemann* ZIS 2014, 4 s.; *Hoven*, ZIS 2014, 21 ss. e, em especial, as vozes referenciadas abaixo, na nota 39.

38. Nesse sentido, em especial *von Freier*, Kritik der Verbandsstrafe, 1998, p. 88 ss.; *idem*, GA 2009, p. 110 s.

39. *Savigny*, System des heutigen römischen Rechts, vol. 2, 1840, p. 312

40. *Schünemann*, Madrid-Symposium (nota 3), p. 285; *Gracia Martín*, in: Mir/Luzón (coords.), Responsabilidad penal de las personas jurídicas y sus órganos y responsabilidad por el producto, Barcelona, 1996, p. 34 ss. (63 ss.); *Köhler*, AT, p. 562; *Kirch-Heim* (nota 3), p. 164; *Ransiek*, in: Kempf et alii (nota 3), p. 285 ss. (297 s.); *Sachs*, no mesmo volume, p. 195 ss. (201); *Schmitz* (nota 3), p. 311 ss., 313; *Frisch* (nota 5), p. 367 s.; *Böse* ZStW 126 (2014), 132 ss. (140); *Beckemper*, in: Kempf et alii (nota 3), p. 277 ss. (279), que fala em um "modelo híbrido" e, aparentemente, também acaba por defendê-lo. A autora

sentido, esse modelo de fundamentação de uma culpabilidade pretensamente originária não passa de um modelo de imputação disfarçado, que deduz a culpabilidade das pessoas jurídicas, apenas de forma derivada, da atuação de pessoas naturais.[41] As reservas formuladas ao modelo de imputação são, por isso, também aqui aplicáveis.

4. Primeira conclusão intermediária

Assim, confirma-se o que se disse no início desta seção. Exatamente aquilo que se afirmou como conteúdo mínimo do conceito de culpabilidade, isto é, seu caráter personalíssimo, intransferível, impede que se fale em culpabilidade da pessoa jurídica. A "culpabilidade" das pessoas jurídicas é culpabilidade imputada, e culpabilidade imputada não é culpabilidade.[42]

Será, assim, que a penalização das pessoas jurídicas viola necessariamente o princípio da culpabilidade e também é ilegítima? Essa é a interrogação a que cumpre agora responder.

III. Por que a pena exige culpabilidade? Sobre o conceito de pena

O fato de que pena exige culpabilidade é intuído como um dogma que praticamente dispensa fundamentação. Sabe-se, a bem da verdade, que o chamado princípio da culpabilidade apresenta uma conexão com a dignidade humana, portanto, também com a ideia de que o ser humano não pode ser instrumentalizado, degradado a simples meio

se posiciona contra a introdução de uma responsabilidade penal das pessoas jurídicas, com o argumento de que não se saberia como operacionalizar, com determinação precisa de seus requisitos, a culpabilidade de organização (p. 282).

41. Igualmente, *Schünemann*, FS Tiedemann (nota 3), p. 437; muito semelhante *von Freier*, GA 2009, 108; *Neumann* (nota 27), p. 18; próximo também *Sachs* (nota 3), p. 200: "permanece obscuro de que forma seria possível transformar a atribuição de culpabilidades humanas alheias em atribuição de culpabilidades próprias de empresas".

42. Com posição próxima *Frisch* (nota 5), p. 363 s.: "Culpabilidade no sentido tradicional parece inseparavelmente vinculada à capacidade de uma pessoa, enquanto destinatária da norma, de se decidir pelo direito"; na punição de pessoas jurídicas, tratar-se-ia de um "dever de responder pelo injusto culpável de outros" (p. 369).

para fins alheios, o que aconteceria caso não fosse punido em razão da sua culpabilidade. Tudo isso é correto, mas não parece suficiente para responder à pergunta da conexão entre pena e culpabilidade.

Afinal, outras áreas do direito, que preveem consequências jurídicas desagradáveis, não conhecem um princípio da culpabilidade. Em vez disso, existe no direito civil algo que, na Alemanha, é chamado de o "princípio do ocasionador" (Veranlassungsprinzip) (nesse sentido, por exemplo, em diferentes contextos §§ 122; 170 ff.; 935 I BGB).[43] Para explicitar apenas um entre vários exemplos: aquele que entrega a outrem procuração escrita continuará a ser eficazmente representado por seu representante se o representante fizer uso da procuração em momento posterior à revogação dessa; o fundamento dessa regra está no fato de que quem entrega uma procuração escrita a outrem ocasiona a situação de aparente representação, sendo, portanto, justo que seja tratado como se a aparência fosse real. Isso não ocorrerá caso o representante obtenha a procuração contra a vontade do representado, por exemplo, mediante furto. O direito civil e o direito público também conhecem algo que se poderia traduzir como o "princípio do perturbador" (Störerprinzip) (§§ 862, 1004 BGB; Art. 7 e s. bayPAG; § 8 e s. hmbSOG).[44] Segundo esse princípio, perigos para direitos de indivíduos e para a ordem pública podem ser removidos à custa de quem deu origem a esses perigos, independentemente de culpa. Se do apartamento de meu vizinho do andar de baixo começa a sair fumaça

43. Ver, por exemplo, *Armbrüster*, MüKo-BGB, 6. Auflage 2012, § 122 nm. 2; *Westermann*, JuS 1963, 1 (6 s.); *Canaris*, Die Vertrauenshaftung im deutschen Privatrecht, 1971, p. 474 ss., 479 ss., que, em vez disso, reconhece um chamado "princípio do risco".

44. Para os fundamentos dessa "Störerhaftung" ou responsabilidade do perturbador do direito público ver, em especial, *Lindner*, Die verfassungsrechtliche Dimension der allgemeinen polizeirechtlichen Adressatenpflichten, 1997, p. 17 ss., 26 ss.; *Hollands*, Gefahrenzurechnung im Polizeirecht, 2005, p. 37 ss.; sobre a "Störerhaftung" do direito civil *Baldus*, MüKo-BGB, 6ª. ed. 2013, § 1004 nm. 149 ss.; cf. também *Greco*, O inviolável e o intocável no direito processual penal: Considerações introdutórias sobre o processo penal alemão (e suas relações com o direito constitucional, o direito de polícia e o direito dos serviços de inteligência), in: Wolter, O inviolável e o intocável no direito processual penal. Reflexões sobre dignidade humana, proibições de prova, proteção de dados (e separação informacional de poderes) diante da persecução penal, 2018, p. 21 e ss. (p. 51 e s.).

e ninguém responde à campainha, será lícito arrombar a porta para apagar o fogo, que representa perigo para mim.

Tem, assim, de existir algo na pena que torne a culpabilidade necessária; em outras palavras, teremos de tentar esclarecer o *conceito de pena*. É certo que a discussão de filosofia do direito penal sobre o conceito de pena não é tão proeminente como aquela sobre os fundamentos da pena (sobre as chamadas teorias da pena). O debate sobre o conceito de pena é, por sorte, menos complexo. Há, sobretudo, duas perspectivas concorrentes: uma concepção tradicional, para a qual a pena representa, em primeiro lugar, um mal corporalmente perceptível, uma dor;[45] e uma concepção mais moderna, que pode reivindicar para si a autoridade do Tribunal Constitucional alemão, para a qual pena é uma realidade comunicativa, uma censura.[46] Eu não posso, neste espaço, pronunciar-me extensivamente sobre tais perspectivas, das quais me ocupei em meus trabalhos de doutorado e de habilitação.[47] Elas serão aqui analisadas a partir de uma dupla exigência: em primeiro lugar, quanto à sua capacidade de esclarecer por que a pena exige culpabilidade; em segundo lugar, questionando-se se elas são convincentes, tomadas em si mesmas.

1. O conceito "tradicional" de pena: a pena como mal

Fica evidente que a concepção tradicional não resolveu tudo ao se recordar que males ou dores, frequentemente, também são

45. Por exemplo, *Kant,* Die Metaphysik der Sitten, in: Kants Werke, Akademie Ausgabe, Vol. VI, 1968, p. 331 ("dor"); *Feuerbach,* Revision der Grundsätze und Grundbegriffe des positiven peinlichen Rechts, vol. I, 1799 (reimpressão 1966), p. 56 ("mal de natureza sensível"); *Binding,* Grundriss des deutschen Strafrechts, Allgemeiner Teil, 8a. ed. 1913 (reimpressão 1975), p. 226; *v. Liszt,* Lehrbuch des deutschen Strafrechts, 21/22a. ed. 1919, p. 6; *Welzel,* Das deutsche Strafrecht, 11. ed. 1969, p. 238 s.; *Roxin,* AT I, 4a. ed. 2006, § 3 nm. 45; ulteriores referências em *Greco* (nota 13), p. 281 s.

46. *v. Bar,* Die Grundlagen des Strafrechts, 1869, p. 3 s.; *Eb. Schmidt* SchwZStr 45 (1931), 200 ss. (231); *Noll,* Die ethische Begründung der Strafe, 1962, p. 17 ss.; *Schmidhäuser,* Vom Sinn der Strafe, 1971, p. 35 ss., insb. 37; *Jakobs,* Das Schuldprinzip, 1993, p. 27 (pena como "réplica" ["Gegenrede"]); *Hörnle/v. Hirsch* GA 1995, 265 ss.; *K. Günther,* FS Lüderssen, 2002, p. 207 ss. (217 ss.); outras referências em *Greco* (nota 13), p. 282 ss.

47. Cf. *Greco* (nota 13), p. 297 ss.; *idem,* Strafprozesstheorie und materielle Rechtskraft, 2015, p. 642 ss.

infligidos fora do direito penal, sem que se possa falar nesse caso em penas. Pense-se na prisão preventiva, no disparo efetuado por um policial para salvar um refém de um sequestrador, na multa por infração de trânsito, nas condições impostas a um indiciado para que se lhe possa suspender temporariamente um processo (§153a StPO; art. 89 § 1º, 2º Lei 9.099/1995). Como essas medidas não pressupõem culpabilidade, apesar de também serem males, o conceito de pena tradicional, que enxerga na pena um mal, não consegue explicar por que não se pode impor pena sem culpabilidade.

Pela mesma razão, o conceito se mostra insuficiente também quando tomado em si mesmo. Uma vez que existem males que não são penas, não basta à caracterização da pena que se mencione a imposição de um mal. No melhor dos casos, essa afirmativa é carente de complementação. Isso também se reconhece no fato de que a frase "A foi punido" é tida por incompleta; pergunta-se automaticamente: pelo quê? A necessidade intuitiva de um "por isso..." indica o caráter de pena como *reação* a algo em razão de que alguém é punido. Essa reação é um momento comunicativo, ao qual um conceito de pena não poderá renunciar.

2. O conceito "moderno" de pena: a pena como censura

A concepção mais moderna, como mencionado, que é defendida tanto na literatura quanto na jurisprudência constitucional alemã, eleva esse momento de reação, no entanto, ao status de nota característica da pena. A pena representa uma reprovação, uma censura ao fato ou ao autor do fato. Daqui se espera – em um segundo passo – uma resposta à questão que estabelecemos no início, ou seja, à questão do fundamento do princípio da culpabilidade: uma reprovação ou censura só seriam cabíveis quando merecidas; significa dizer sob a condição de aquele que se quer punir tenha se feito culpável.

Não existe, no entanto, essa relação entre censura e culpabilidade. Frequentemente alguém é elogiado ou censurado por algo que não depende de sua vontade. O caso mais claro é o dos atributos pessoais: beleza e inteligência assim como feiura ou tolice são elogiadas ou criticadas em quem as carrega, e isso independentemente de o portador merecer ou não tais atributos. Talvez se encontre aqui uma razão para que importantes defensores do conceito comunicativo de pena tenham se sentido atraídos pela ideia de culpabilidade pela personalidade.[48] Se a pena, contudo, só puder ser imposta em situações em que se "fez algo para merecê-la", isso significa, ao mesmo tempo, que a pena não pode se esgotar em uma censura.

Com isso fica claro que esse conceito comunicativo de pena é também insuficiente se tomado em si próprio. O estado formula vários juízos de censura, sem que alguém cogite haver uma pena: poder-se-ia pensar em reprimendas por parte de altos funcionários que ocupam uma função de representação, como os casos muito discutidos entre os constitucionalistas alemães em que ministros do governo federal ou estadual emitiram alertas públicos sobre os perigos de seitas ocultistas.[49] Ocasionalmente, trata-se até mesmo de censurar alguém pelo cometimento de delitos, como em um relatório final de comissão da verdade sobre violações de direitos humanos:[50] se a pena fosse uma censura, esse relatório final seria uma pena; se esse relatório fosse uma pena, a comissão teria de operar atendendo às exigências do devido processo penal. Fosse a pena uma censura, também seria possível punir os mortos, que podem, obviamente, ser censurados.[51]

Um dos principais problemas do conceito de pena como censura encontra-se em outro plano. Parece muito questionável se se faria necessário o somatório de barreiras que a cultura jurídica conseguiu opor à imposição da pena – às quais pertencem não apenas o princípio da culpabilidade, aqui no centro de nosso interesse, como também os princípios da legalidade e da proteção de bens jurídicos – caso a pena fosse apenas uma censura. Na terminologia do direito constitucional alemão: uma censura é apenas uma intervenção no direito geral da personalidade, que se encontra no mesmo plano, por exemplo, de um

48. Recorde-se, em especial, *Eb. Schmidt*, SchwZStr 45 (1931), 231; *idem*, ZStW 69 (1957), 359 ss. (372, 385 s.); *Engisch*, Die Lehre von der Willensfreiheit in der strafrechtsphilosophischen Doktrin der Gegenwart, 2ª. ed. 1965, p. 48 ss.; assim como, *Schmidhäuser* (nota 45), p. 35 ss., 37; *idem*, Strafrecht AT. Studienbuch, 2ª. ed. 1984, § 7 nm. 6 (defendendo um conceito de culpabilidade como atitude interna reprovável, que, em substância, aproxima-se de uma culpabilidade pelo caráter). Para críticas, *Greco* (nota 13), p. 497 s.

49. Em especial BVerfGE 105, 279.

50. Ver já *Greco* (nota 46), p. 647.

51. Ver *Greco* (nota 46), p. 647.

levantamento de dados pessoais durante pesquisa de censo populacional.[52] Caracterizar a pena como reprovação é insuficiente, sobretudo porque torna a pena inofensiva.[53] Uma censura não toca sequer em um fio de cabelo do apenado.

3. A própria proposta

Um *bom conceito de pena* – apenas para recordar as duas exigências aqui expressamente estabelecidas[54] – tem de ser em si mesmo convincente (abaixo a]) e oferecer a almejada explicação para a dependência ou conexão entre pena e culpabilidade (abaixo b]).

a) O ponto de partida da nossa busca pelo correto conceito de pena será a insuficiência que observamos ao tecer as breves críticas às duas posições concorrentes. A pena não é apenas a inflição de um mal, senão também reação e, nesse sentido, comunicação. A pena não pode, entretanto, esgotar-se em comunicação, porque ela definitivamente faz muito mais que tocar em um fio de cabelo do apenado. O caminho promissor tem, assim, de necessariamente *combinar ambas as posições*; questiona-se, no entanto, se não se deve dar um passo além.

Isso porque o direito das contraordenações (Ordnungswidrigkeitenrecht), um direito sancionatório manejado pela própria administração pública e que existe na Alemanha como o sucessor do clássico direito de contravenções que ainda existe no Brasil,[55] também conhece a inflição de um mal como reação a um comportamento errôneo. Se a simples combinação de ambos os elementos fosse suficiente para chegar a um conceito de pena, a discussão que se trava hoje na Alemanha sobre a introdução de punição das pessoas jurídicas não apresentaria qualquer sentido; porque o direito alemão

52. BVerfGE 65, 1 (41 ss.).

53. *Greco* (nota 46), p. 647; ainda em outro sentido, *Greco* (nota 13), p. 297.

54. Para outros requisitos, v. *Greco* (nota 13), p. 275 ss.; *idem,* (nota 46), p. 644 s.

55. A respeito *Figueiredo Dias*, Do direito penal administrativo ao direito da mera ordenação social: das contravenções às contraordenações, in: Questões fundamentais de direito penal revisitadas, São Paulo, 1999, p. 163 e ss.; extensamente *N. Brandão*, Crimes e Contra-Ordenações, Coimbra, 2015, p. 49 e ss., 113 e ss.

vigente prevê tal "pena" (§ 30 OwiG) no direito de contraordenações. A discussão só tem sentido porque se reconhece que multa "simples" (Geldbuße)[56] e pena de multa (Geldstrafe), apesar de ambas representarem um mal e também serem aplicadas como reação a um comportamento errôneo, não são a mesma coisa.

A saída predominante – que também é consequente, sob o ponto de vista do conceito comunicativo de pena – é apontar para o *caráter de censura* da pena de multa. Nas palavras do Tribunal Constitucional alemão, essa diferença reside no fato de que a multa simples "não contém um reproche de culpabilidade e nem uma repreensão ética".[57]

Tal saída é problemática por várias razões. De forma mais superficial, pode-se questionar se a afirmação realmente procede; em outras palavras, se a pena de multa necessariamente contém essa censura e se, inversamente, a multa simples do direito de contraordenações é tão eticamente neutra quanto a multa imposta pelo guarda de trânsito por estacionamento proibido. Uma objeção mais profunda é a que eu considero correta, mas que, na presente sede, não pode ser exposta em detalhe:[58] a uma repreensão que vá além da constatação de que foi praticado um comportamento errôneo, o qual desencadeia a inflição do mal, não está legitimado um Estado cuja tarefa é meramente garantir as condições externas de uma vida conjunta livre e pacífica, e que não pode querer melhorar cidadãos autônomos por meio de coação. Chamei, noutro lugar, essa repreensão de "constitutiva", uma vez que ela contém mais do que a mera repetição de que o autor praticou um ato punível, o que seria a repreensão "declaratória". O pretenso caráter de censura da pena deve, em tudo quanto ele extrapolar a mera constatação de que um delito foi cometido, ser visto como contingência sociológica extrínseca à pena e que reside antes nos olhos do observador. Em outras palavras: o aspecto comunicativo da pena se esgota em sua natureza de *reação*, no fato de que toda pena se refere a algo pelo que se pune.

Deixemos, assim, de lado a dimensão comunicativa do conceito de pena e passemos para a dimensão *corporal*. Vimos anteriormente

56. O direito português vale-se do termo "coima", cf. *Figueiredo Dias* (nota 54), p. 180.
57. BVerfGE 95, 220 (242).
58. *Greco* (nota 13), 298 s., 500 s.

que nem toda reação que imponha algum mal pode constituir uma pena. O mal tem de apresentar alguma ou algumas características adicionais. Pergunta-se: quais?

Parece natural recorrer ao critério *gravidade*: a pena seria uma reação a um comportamento errôneo, a qual consistiria na inflição de um mal especialmente grave.[59] Mesmo que esse aspecto possa reivindicar para si certa plausibilidade *prima facie*, ele é, de certa forma, grosseiro e superficial. O afastamento do cargo público por conta de violação disciplinar grave (§ 10 BDG) seria algo a se enxergar como pena, assim como a cassação de um visto de residência para um estrangeiro. A dimensão da gravidade tem, sobretudo, o problema de que com isso se remete a uma grandeza que não pode ser determinada com validade geral. O pagamento de €100.000,00 é porventura risível para uma multinacional, mas seria o aniquilamento de uma sociedade empresarial familiar.

Essa crítica contém mais do que uma dificuldade de operacionalização. O problema está em que categorias quantitativas como "gravidade" são pouco adequadas para apreender direitos, que têm a estrutura de esferas de liberdade. Possivelmente, o mal específico da pena não está na quantidade, quer dizer, no fato de que atinge de forma muito intensa o apenado, senão na *qualidade*, portanto, naquilo que ela retira do apenado. De forma concreta: possivelmente, o mal da pena atinge direitos especiais, direitos de um caráter peculiar.

Se colocarmos a multa simples das contraordenações e a pena de multa do direito penal novamente face a face, salta aos olhos outra diferença, presente no direito alemão e em muitos outros ordenamentos: a pena de multa pode se converter na pena privativa de liberdade substitutiva (§ 43 StGB), a multa simples não. Ainda que esse não seja o caso no direito brasileiro, fato é que as penas mais importantes de uma perspectiva histórica – a pena de morte, a morte civil, a pena de castigos corporais e a pena privativa de liberdade – não atingiam seus destinatários simplesmente de forma grave, senão, por assim dizer, em uma região sensível, a saber, em direitos que, não por mero acaso, são os que a tradição do jusracionalismo tomou o cuidado de classificar como *direitos inatos*. Direitos inatos são

59. Assim ainda *Greco* (nota 13), p. 302 s.; semelhante também *Schünemann*, Madrid-Symposium (nota 3), p. 281.

aqueles que todo ser humano "possui por conta de sua humanidade".[60] O conceito contraposto é o dos chamados direitos adquiridos, que são aqueles dos quais só é possível tornar-se titular no decurso da vida.[61] O mal da pena reside, portanto, em que ela se dirige a direitos inatos, ou seja, contra a vida, a capacidade jurídica, o corpo ou – no direito penal atual, que se deixou domesticar e mantém-se distante desses direitos mencionados – contra a liberdade compreendida como liberdade de locomoção.[62]

A pena de multa é, por isso, uma pena, porque pode ser convertida em pena de prisão;[63] nos países em que isso não ocorre (como o Brasil), ela não é mais uma pena em sentido material, mas sim em sentido formal ou artificial. O sursis é uma pena pelas mesmas razões:

60. *Kant* (nota 44), p. 237 (citação); cf. também §§ 82, 83, 84 Einleitung zum Allgemeinen Landrecht für die Preußischen Staaten (= EinlALR), a legislação prussiana codificada de 1794; *C. Wolff*, Jus Naturae Methodo Scientifica Pertractatum, Pars Septima, 1747, § 26 ss. ("Jus connatum"), § 31 ("Jus connatum omnium hominum idem est"); *Pütter*, in: Beyträge zum Teutschen Staats- und Fürsten-Rechte, 1777, p. 351 ss. ("liberdade natural"); *Bauer*, Lehrbuch des Naturrechts, 3ª. ed. 1825, § 55; *v. Gros*, Lehrbuch der philosophischen Rechtswissenschaft oder des Naturrechts, 6ª. ed. 1841, § 79; sobre a teoria dos direitos inatos ver também, com outras referências, *Gierke*, Johannes Althusius und die Entwicklung der naturrechtlichen Staatstheorie, 7ª ed. 1981, p. 113 ss.; *G. Meyer*, Der Staat und die erworbenen Rechte, 1895, p. 7; *Stödter*, Öffentlich-rechtliche Entschädigung, 1933, p. 55 s.

61. Em regra, dizia-se que esses direitos baseavam-se em um título jurídico especial, cf. por exemplo, *Pütter*, Institutiones iuris publici germanici, 3ª ed. 1782, Lib. III, § 119: "IVS QVAESITVM (i.e. ..., quod, speciali titulo adquisitum, non ex sola libertate naturali obtinet)" (essa passagem também é citada por *Stödter* [nota 59], p. 56); *Zachariä*, Deutsches Staats- und Bundesrecht, vol. 2, 1842, p. 91; *Gros* (nota 59), § 134, que, no entanto, considerava o título não como conceito, senão como fundamento jurídico do direito adquirido. Para a diferença, ver também §§ 82, 83 e 84 EinlALR; *C. Wolff* (nota 59), § 35 ss. ("Jus acquisitum dicitur, quod ex sola quadam obligatione connata non oritur, sed interveniente demum facto quodam humano resultat"); *Pütter* (nota 59), p. 355; *Bauer* (nota 59), § 55; *v. Gros* (nota 59), § 78, 80; além disso *Grotius*, De jure belli ac pacis, Amsterdam, 1735, Liber II, Caput XIV, § VIII, que menciona explicitamente a distinção entre as duas categorias de direitos, mas nega-lhe, no entanto, qualquer significado no contexto de determinação dos limites do poder estatal. Para a evolução da dicotomia e, em especial, para as diferentes versões da teoria dos direitos adquiridos, *G. Meyer* (nota 59), p. 7 ss.; de forma pormenorizada, *Stödter* (nota 59), p. 63, 73 s.

62. Pela primeira vez em *Greco* (nota 46), p. 653 ss.

63. *Greco* (nota 46), p. 660, 665 s.

a pena suspensa continua a ser pena porque pode a qualquer momento tornar-se atual e atingir a liberdade do afetado.[64] Por outro lado, uma sanção que se volta contra direitos adquiridos, como a propriedade, o patrimônio, a detenção de um cargo público ou de uma autorização, não precisam ser necessariamente uma pena. O legislador pode fazer de tal sanção uma pena, de forma mais precisa, pode denominá-la pena; não há qualquer imposição, contudo, no sentido de que ele assim aja. Ele pode suprimir propriedade, patrimônio, cargos ou autorizações por meio de procedimento administrativo; na liberdade, contudo, ele só pode tocar por meio de um devido processo penal.

b) O conceito de pena, no entanto, só vencerá sua prova de fogo quando for capaz de cumprir a nossa *segunda exigência*, qual seja: *explicar por que a pena exige culpabilidade*. Pode-se pensar em um argumento curto e em um argumento mais longo.[65] Argumentos curtos são mais fortes; a rigor, o argumento curto já é, por si só, suficiente. O argumento longo pode, no entanto, atuar como ratificação adicional daquilo que se concluiu com base no argumento curto.

aa) O *argumento curto* acentua que os direitos inatos, ou seja, os direitos que assistem ao ser humano pela sua condição de ser humano, dizem respeito a uma camada mais profunda da personalidade; ao contrário, direitos adquiridos são posições que podem ir e vir, que por isso se referem, quando muito, a uma camada externa da personalidade. Suprimir algo relativo a uma camada mais profunda da personalidade, algo vinculado à condição de ser humano, em razão de uma necessidade de terceiros, significa literalmente instrumentalizar o titular desses direitos. Como direitos de liberdade inata,[66]

64. *Greco* (nota 46), p. 670 s.

65. Cf. já *Greco* (nota 46), p. 656 ss.

66. Recorde-se a afirmação de *Kant* (nota 44), p. 237: "A liberdade (independência em relação ao arbítrio constritor de um terceiro), desde que ela possa coexistir com a liberdade de todos segundo uma lei universal, é o único direito original, que assiste a todo ser humano por força de sua humanidade"; ver também § 84 EinALR: "Os direitos universais do ser humano se fundamentam na liberdade natural de poder procurar e promover seu próprio bem, sem violação dos direitos do outro"; *v. Gros* (nota 59), § 112: "Originalmente, o ser humano não tem nada além de si mesmo; o direito originário ou direito absoluto (de certa forma, inato) do ser humano não é, por isso, diferente do direito da personalidade em relação ao outro, ou seja, o direito de existir como pessoa no mundo sensível e de ser ativo."

os direitos inatos só são passíveis de supressão se essa ocorrer por responsabilidade do próprio indivíduo; noutras palavras: quando ele se faz culpável.

bb) O argumento longo recorre a uma teoria do *contrato social*. Os direitos inatos são, nesses termos, direitos que se possuem no estado de natureza, portanto, ainda antes da celebração do pacto social. Eles representam o capital que se investe no contrato e, também, aquilo que o Estado a ser erigido deve proteger de forma especial. Se se quiser tornar o argumento ainda mais longo: por trás de um "véu da ignorância"[67] não se sabe quais dentre os direitos adquiridos cada qual possuirá. Ninguém sabe se será proprietário e de que objetos, se será credor ou devedor, ou se deterá um cargo de funcionário público. Em contrapartida, todos sabem que continuarão titulares de seus direitos inatos, de sua vida, de seu corpo e, principalmente, de sua liberdade de locomoção. A supressão de um direito inato pode, por isso, atingir cada um pessoalmente, independentemente de qual posição social ele vier depois a ocupar; há, portanto, um interesse especial e universal na proteção de direitos inatos contra a supressões arbitrárias. Na posição original, os contratantes não confeririam uma carta branca para que o Estado dispusesse desses direitos como lhe aprouvesse. Os direitos inatos apenas estarão suficientemente protegidos enquanto permanecerem, por assim dizer, nas mãos de seus titulares, apenas se o indivíduo tiver a garantia de que só os perderá quando ele mesmo for responsável por essa perda, noutras palavras: se for culpável.

4. Segunda conclusão intermediária

Pena é a supressão de um direito inato – nos dias de hoje, portanto, da liberdade de locomoção – como reação a um comportamento errôneo.[68] Do caráter personalíssimo desses direitos decorre também o caráter personalíssimo do principal pressuposto sob o qual eles podem vir a ser suprimidos, em outras palavras, a ideia de um princípio da culpabilidade personalíssimo. Fazendo uso de uma terminologia oriunda do direito constitucional: a dimensão subjetiva do princípio da culpabilidade, isto é, a sua dimensão de direito

67. Pioneiro *Rawls,* A Theory of Justice, Revised Edition, Oxford/New York, 1999 (1.ª ed. 1971), p. 118 ss.
68. *Greco* (nota 46), p. 659.

individual, é o direito de não perder seus direitos inatos e, portanto, personalíssimos, a não ser em razão da realização personalíssima de um comportamento errôneo.

IV. A "punição" da pessoa jurídica

Após essas reflexões, estamos em condições de retornar à pergunta inicial sobre a compatibilidade entre punição das pessoas jurídicas e princípio da culpabilidade.

Do que foi dito, deriva de forma cogente que é impossível punir, impor uma pena, no pleno sentido dessa palavra, a pessoas jurídicas.[69] Todos os direitos de uma pessoa jurídica são adquiridos. Com base no argumento longo (acima III.3.b.bb), é possível dizer: diferentemente dos indivíduos, que podem ser imaginados em um estado de natureza, as pessoas jurídicas não podem sequer ser pensadas fora de uma ordem jurídica. Isso significa que, no caso de uma "punição" de pessoas jurídicas, o princípio da culpabilidade, em sua acima descrita *dimensão de direito subjetivo*, manter-se-á intocado. Afinal, as pessoas jurídicas não possuem quaisquer direitos personalíssimos, de modo que elas não possuem direitos que só poderiam ser suprimidos em razão de um comportamento errôneo personalíssimo (e não de um comportamento errôneo alheio imputado). As sanções conce-

69. Nesse sentido pode-se concordar com a afirmação, difundida especialmente na doutrina mais antiga, de que faltaria à pessoa jurídica susceptibilidade à pena (em especial, *Kohler*, GA 1917, 503 [para a, por ele assim chamada, pena de equidade]); em sentido contrário *Schmitt* [nota 3], p. 196). – A situação muda quando se defende um conceito comunicativo de pena. De fato, isso é frequentemente contestado pelos defensores dessa abordagem (por exemplo, *Engisch* [nota 3], p. 20 s.; *Jescheck/Weigend* [nota 12], p. 227; *Mir Puig*, RECPC 06-01 [2004], 9 ss.; *Silva Sánchez* [nota 22], p. 59 ss., 70; *Frisch* [nota 5], p. 359 s.; *idem, in*: Freund/Rostalski [coords.], StrafrechtlicheVerantwortlichkeit für Produktgefahren, 2015, p. 153 ss. [164, 167, 186]; também, ao que parece, *Schmitt* [nota 3], p. 196, 199); no entanto, não é nada claro por que não deveria ser possível dirigir um reproche a uma pessoa jurídica. Criticamos Estados, partidos, empresas, igrejas. Se a pena diz respeito, em primeira linha – de novo com base na terminologia da dogmática dos direitos fundamentais – a intervenções no direito geral de personalidade, nada obsta a que, no sentido completo do termo, imponham-se penas a pessoas jurídicas, que são também reconhecidas como portadoras de tal direito fundamental (semelhante *Hirsch* [nota 33], p. 14; *Ehrhardt* [nota 35], p. 190 s.; *Marinucci* [nota 3], p. 1197, que lembra que pessoas jurídicas podem ser vítimas de injúrias.).

bíveis para pessoas jurídicas[70] são, portanto, de todo incomparáveis com a pena privativa de liberdade. Em relação a pessoas jurídicas, a imputação de uma culpa de terceiro é em si aceitável, porque nenhum direito inato está em jogo. Uma pena não viola qualquer direito da pessoa jurídica.

V. Porque ainda assim não deve existir uma "punição" de pessoas jurídicas

Pode, então, o legislador denominar a sanção da pessoa jurídica de "pena", do mesmo modo que ele tem o direito de prever a título de pena a subtração da licença de condução de veículos ou a perda de uma função pública?

A constatação de que "penas" aplicadas a pessoas jurídicas são penas sem culpabilidade (II.) permanece inquietante, ainda que essas penas não impliquem qualquer violação de direito das próprias pessoas jurídicas (IV.). O nome importa: chamar de penas essas sanções representa um falso sinal,[71] a saber, *um precedente enganoso de reconhecimento de pena sem culpabilidade* – o que, mesmo não se tratando de pena em sentido verdadeiro, é problemático. Porque argumentos e institutos jurídicos desenvolvem uma dinâmica própria; a hoje afirmada "pena" sem culpabilidade comandará amanhã o reconhecimento de penas, sem aspas, independentes de culpabilidade.

Um olhar para o direito comparado, que não se resuma a um enfileiramento desordenado de leis estrangeiras, comprova que esses não são perigos teóricos de natureza abstrata. Não é uma coincidência o fato de as duas tradições jurídicas mais importantes que conhecem a "punição" de pessoas jurídicas, a francesa e a anglo-saxônica,

70. Ver a lista de sanções possíveis no grupo de trabalho "Strafbarkeit juristischer Personen", in: *Hettinger* (nota 1), p. 7 ss., 24 ss.; §§ 4 I, 6, 7, 9 do Projeto da Renania do Norte-Vestfália (nota 2); Art. 23 Decreto (Comunidade Europeia) Nr. 1/2003 v. 16.12.2002 (ABl. EG L 2003 1/1); Art. 132 III AEUV; Art. 131-37, 141-39, 131-39-1 do código penal francês; para o direito espanhol, ver *Silva Sánchez* (nota 22), p. 68.

71. Ver, também, *Schünemann*, Zur Frage (nota 2), p. 15: "sujeira semântica"; *Gracia Martín* (nota 3), p. 117 s.; próximo *Neumann* (nota 27), p. 20 (de acordo *Jäger* [nota 18], p. 55), muito embora com a expressão pouco bem-sucedida, evocada da Escola Clássica, que a "dignidade da pena" está em jogo.

também prescrevam penas reais sem culpabilidade:[72] o direito anglo--saxão apresenta tanto a chamada *strict liability*[73] como também a assim chamada *vicarious responsability*;[74] na primeira, há pena sem dolo ou culpa, na segunda, imputa-se a culpabilidade de outrem. O direito francês fala de forma aberta em uma *responsabilité pour fait d'autrui*.[75] O direito anglo-saxão e o direito francês não têm, assim, qualquer reserva em relação a imputar culpabilidade de terceiro. Essas tradições jurídicas ainda não chegaram à ideia de um princípio da culpabilidade personalíssimo que, como exposto acima no n. II, não é um mero capricho alemão, mas uma condição de legitimação necessária para a aplicação de sanções que atingem direitos inatos.

O caráter primitivo e subdesenvolvido – para usar os termos cabíveis, ainda que politicamente incorretos – dessa perspectiva do direito anglo-saxão e do direito francês fica evidente ao recordarmos que até mesmo o direito de responsabilidade civil (Deliktsrecht) alemão é cauteloso diante de imputação de culpabilidade de terceiro: a regra do § 278 BGB, que imputa a culpa do chamado "Erfüllungsgehilfe" ao próprio devedor, isto é, da pessoa de quem o devedor se vale para cumprir a sua obrigação, pressupõe uma especial proximidade entre lesionador e lesionado, a saber, a existência de um vínculo obrigacional.[76] O pintor contratado responde pela culpa do seu ajudante, caso esse danifique a porta que está a pintar. Já o § 831 BGB, que independe desse prévio vínculo obrigacional, não fundamenta uma imputação de culpabilidade de terceiro, senão uma mera responsabilidade por uma culpabilidade própria

72. Esses pontos são claramente reconhecidos por *Schünemann*, in: Eser et alii (nota 3), p. 229 e *Mir Puig*, RECPC 06-01 [2004], 14 s..

73. A respeito, com ulteriores referências *Fletcher*, Rethinking Criminal Law, Boston/Toronto, 1978, p. 716 ss. (krit.); *Dubber/Kelman*, American Criminal Law: Cases, Statutes, Comments, 2. ed. New York 2009, p. 332 ss.; *Dressler/Garvey*, Cases and materials on Criminal Law, 6. ed. 2012, p. 174 ss.; do ponto de vista alemão *Bähr*, Strafbarkeit ohne Verschulden, 1974, p. 34 ss.; *Safferling*, Vorsatz und Schuld, 2008, p. 372 ss.

74. A respeito, com ulteriores referências *Fletcher* (nota 72), p. 647 ss. (crítico); *Dressler/Garvey* (nota 72), p. 874 ss.

75. A respeito, com ulteriores referências *Bouloc*, Droit pénal général, 23. ed. Paris 2013, nm. 368 ss., 376 ss. (em especial nm. 383); *Drever*, Droit pénal général, 2. ed. Paris 2012, nm. 938, 974ss. (ambos, no entanto, um pouco distanciados); *Pradel* (nota 5), nm. 85.

76. Para mais referências Staudinger/*Belling* (2012) BGB, § 831 nm. 2 ss.

presumida:[77] se o mesmo ajudante, enquanto pinta a casa do contratante, deixa cair o balde de tinta e lesiona um terceiro, não é a sua culpa que será imputada ao pintor contratado, e sim a culpa desse pintor em escolher ou instruir o ajudante que fundamentará o dever de indenizar o dano sofrido pelo terceiro. O direito americano, deitando por terra essas sutis e relevantes diferenças, conhece, por sua vez, uma chamada *respondeat superior doctrine*, que imputa culpabilidade de terceiros independentemente de prévios vínculos obrigacionais; essa teoria, que foi transportada para o direito penal nos EUA em 1909, foi historicamente um importante apoio para a introdução de uma responsabilidade penal de pessoas jurídicas.[78] Deixando de lado os imperativos de *political correctness*, o fato é que tais circunstâncias não podem ser perdidas de vista quando invocadas como argumento para a responsabilidade penal de pessoas jurídicas em ordens jurídicas estrangeiras, que nem chegam perto do nível alcançado pela cultura jurídica alemã já no século XIX. Observo com especial tristeza que até mesmo a Espanha tenha se rendido aos novos ventos, com isso ignorando que a descoberta da ideia de uma culpabilidade personalíssima se deveu justamente à chamada Escolástica Tardia que ali se cultivava, em especial no séc. XVI.[79]

O princípio da culpabilidade, tal como o conhecemos no direito alemão, incorpora, portanto, mais do que um direito subjetivo, que apenas os titulares de direitos inatos (ou seja, pessoas naturais) podem possuir. Poder-se-ia por isso afirmar que a conexão indissolúvel entre pena e culpabilidade apresenta uma *componente jurídico-objetiva*. Essa conexão não deve ser violada, sequer de forma aparente, por meio de uma sanção enganosamente descrita como "pena" independente de culpabilidade.[80]

77. Para mais referências Staudinger/*Caspers* (2014) § 278 nm. 8.

78. A respeito *Beale* ZStW 126 (2014), 32 ss.; *Böse* ZStW 126 (2014), 136 s.; *Feijoo* Sánchez (nota 34), p. 49 s., todos com mais referências.

79. Essa descoberta é narrada de forma magnífica em *Maihold*, Strafe für fremde Schuld, 2005, p. 65 e ss.

80. Nesse sentido, incompleta a argumentação do projeto de lei da Renânia do Norte-Vestfália (nota 2), p. 30, seguindo a *Vogel* (nota 3), p. 208; antes disso *Gröschner*, in: Alwart (Coord.), Verantwortung und Steuerung von Unternehmen in der Marktwirtschaft, 1998, p. 60 ss. (65 s.), que conclui, a partir da vinculação do princípio da culpabilidade à dignidade humana , que aquele não encontra aplicação às pessoas jurídicas.

A pergunta inicial – compatibilidade entre princípio da culpabilidade e introdução de uma "pena" para pessoas jurídicas – não permite, após o que foi dito, uma resposta simplificadora. De um lado, essa pena não violaria de forma direta os direitos subjetivos de quem quer que fosse. De uma perspectiva de direito objetivo e, por isso, indiretamente, estão afetados, no entanto, todos os titulares de direitos inatos, que se encontram sob a proteção do princípio da culpabilidade. A punição de pessoas jurídicas é, portanto, *ilegítima*.

VI. Porque a "punição" de pessoas jurídicas é quase de todo inconstitucional

Pergunta-se se, além de ilegítima, essa punição é inconstitucional. A enorme relevância que assiste ao princípio da culpabilidade parece-me impor que uma violação desse princípio, mesmo em seu aspecto objetivo, baste para fundamentar a *inconstitucionalidade* da punição de pessoas jurídicas, tanto no direito alemão quanto no direito brasileiro. Essa consequência poderia ser, no melhor dos casos, evitada sob a condição de que a errônea impressão a que acima me referi, de que será legítimo punir sem culpabilidade, fosse neutralizada de forma eficaz pelo legislador. De modo algum parece claro, contudo, se e de que maneira essa neutralização é faticamente realizável.

Estou consciente de que, especialmente de uma perspectiva brasileira, ser-me-á objetado não apenas que o STF confirmou a constitucionalidade da punição das pessoas jurídicas,[81] como também que o próprio texto constitucional parece, no art. 173 § 5º, e no art. 225 § 3º, ter acolhido a punição da pessoa jurídica. Comecemos pelo segundo desses dispositivos: "As condutas e atividades consideradas lesivas ao meio ambiente sujeitarão os infratores, pessoas físicas ou jurídicas, a sanções penais e administrativas, independentemente da

81. STF, RE 548.181, 1ª Turma, *DJe* 30.10.2014, p. 46 e ss.; sobre a jurisprudência brasileira vide *Diego da Costa*, LH Dotti, Rio de Janeiro, 2016, p. 661 e ss. (672 e ss.). Um problema dessa discussão, tal como travada na doutrina brasileira e refletida nesse acórdão do STF, é a confusão de um problema de direito material (pode-se punir a pessoa jurídica?), ao qual o presente é exclusivamente dedicado, com uma questão processual (pode-se processar a pessoa jurídica com independência da pessoa física?).

obrigação de reparar os danos causados". É claro que esse dispositivo pode ser lido no sentido de um reconhecimento da responsabilidade penal da pessoa jurídica. Nada há na redação truncada do constituinte que force, contudo, essa conclusão. Em uma ordem constitucional que reconhece um princípio da culpabilidade, o dispositivo deverá ser lido de maneira que as "sanções penais" se referem apenas a "pessoas físicas" e não a pessoas jurídicas.

O art. 173 § 5º coloca, entretanto, um problema insuperável para o posicionamento aqui defendido: "A lei, sem prejuízo da responsabilidade individual dos dirigentes da pessoa jurídica, estabelecerá a responsabilidade desta, sujeitando-a às punições compatíveis com sua natureza, nos atos praticados contra a ordem econômica e financeira e contra a economia popular." Aqui, foi o constituinte quem usou o termo errado, "punição", quem chamou de pena algo que pena não é, e que, portanto, deu a nociva impressão de que o direito brasileiro conhece uma pena sem culpabilidade. Esse dispositivo é ilegítimo, mas vige, integra a constituição, de modo que é constitucional por definição.[82] Isso significa que o legislador brasileiro está autorizado pelo direito positivo a prever uma responsabilidade penal de pessoas jurídicas diante de atos praticados contra a ordem econômica e financeira e contra a economia popular – exclusivamente. Não é a esse âmbito, contudo, que se refere a Lei 9.605/1998, e sim ao meio ambiente.[83] Assim, não vejo como escapar à conclusão de que a responsabilidade penal da pessoa jurídica prevista nessa lei é

82. A ideia de normas constitucionais inconstitucionais (pioneiramente *Bachof*, Verfassungswidrige Verfassungsnormen?, 1951) se baseia, em boa parte, em uma confusão entre constitucionalidade e legitimidade; ela perdeu a sua credibilidade no direito constitucional alemão com decisões do Tribunal Constitucional já da década de 50 (BVerfGE 3, 225 [233]; 4, 294 [296]), que consideraram possível uma norma constitucional inconstitucional apenas em casos de violações manifestas da dignidade humana. Por mais que o argumento construído no texto contenha uma afirmação de que a dignidade humana ainda que indiretamente está violada, admito que essa violação não é manifesta.

83. Assim, também, de forma convincente, *Cirino dos Santos*, em seu artigo "Responsabilidade penal da pessoa jurídica", que cito a partir da versão publicado em Direito Penal, Parte Geral, Rio de Janeiro, 2006, p. 423 e ss. (426 e s.); o autor vai além do texto e considera que o dispositivo não prevê uma responsabilidade penal nem mesmo para o âmbito mencionado; próximo *Bitencourt* (nota 9), p. 110 e ss., que também nega a consagração constitucional dessa responsabilidade.

inconstitucional, por violar o princípio da culpabilidade, que se extrai de uma leitura conjunta do art. 1 III e do art. 5º XLV, XLVI e XLVII CF.[84]

VI. Conclusão final

A culpabilidade tem natureza personalíssima: o indivíduo faz-se culpável por um fato criminoso. Inexiste, assim, uma culpabilidade de pessoas jurídicas. A pena pressupõe culpabilidade, porque a pena é uma reação que se dirige contra direitos inatos: enquanto direitos personalíssimos, eles só podem ser suprimidos em face de um comportamento errôneo também personalíssimo. A pessoa jurídica, enquanto ente criado pelo direito, não possui direitos inatos. Uma "punição" de pessoas jurídicas não é, portanto, uma pena no sentido verdadeiro e não viola direitos das pessoas jurídicas. Denominar essa sanção pena é, contudo, inadequado, porque isso suscita a impressão enganosa de que o direito penal conhece penas sem culpabilidade personalíssima; e, além de inadequado, (quase de todo) inconstitucional, por desrespeito ao princípio da culpabilidade, que é derivável da constituição (principalmente, art. 5º XLV CF). O nome importa.

Isso significa que o direito alemão não só não deve, como está impedido de introduzir essa sanção em seu ordenamento, e que o direito brasileiro deveria, urgentemente, expurgar o arts. 3º e 22-24 da Lei 9.605/1998 de seu âmago.

84. Em conclusão, também, *Cirino dos Santos* (nota 82), p. 428; *Tavares Lobato* (nota 9), p. 152.

PUNIÇÃO DA CUMPLICIDADE POR MEIO DE AÇÕES NEUTRAS APENAS EM CASO DE ALTA PROBABILIDADE DO FATO PRINCIPAL?

REFLEXÕES POR OCASIÃO DE UMA DECISÃO DO BUNDESGERICHTSHOF (5 STR 468/12)[1]

Segundo uma recente decisão do BGH (5 StR 468/12), alguém que, mediante ações corriqueiras ou cotidianas, presta auxílio a um ato doloso e antijurídico, mas que não tem certeza sobre cometimento do fato principal, somente é punível se as circunstâncias indicarem ser "muito provável" a ocorrência desse fato. O presente estudo lança um olhar crítico sobre essa tese. Adianto, em linhas gerais, a conclusão: não parece correto dar uma carta branca para o fornecimento de contribuições cuja recusa melhoraria, de maneira relevante, a situação do bem jurídico afetado pelo fato principal.

1. Wistra 2014, 176 = BeckRS 2014, 03755 = NZWiSt 2014, 139 (com comentários de Bott/Orlowski)

I. Introdução

1. Em 22 de janeiro de 2014, o Quinto Senado Penal do BGH ocupou-se novamente da questão da cumplicidade "neutra".[2*] Ainda que o julgado almeje uma compreensível restrição da punibilidade, ele não é convincente nem na fundamentação, nem no resultado. Ele concretiza, sob um importante aspecto, os critérios dos quais a jurisprudência, até aqui, tem partido para esse grupo de casos e oferece assim ensejo para se debruçar, mais uma vez, sobre um tema que já foi objeto de diversos artigos e monografias: a cumplicidade por meio de ações neutras.[3]

Sabe-se que a jurisprudência alemã (especialmente desde BGHSt 46, 107, 112 s.) privilegia uma solução que enfatiza critérios subjetivos: segundo ela, é punível aquele que presta auxílio e tem conhecimento seguro do fato principal; o "cúmplice" com dúvida permanece, em regra, impune, a não ser que contribua com alguém reconhecivelmente inclinado a cometer um delito. Na literatura, por outro lado, foram propostas soluções desenvolvidas em todos os níveis da estrutura do delito. Para os autores que se concentram no tipo objetivo, a punibilidade só se inicia com uma violação das expectativas dirigidas ao papel do partícipe[4] ou com a transgressão dos limites de um comportamento profissionalmente adequado.[5]

2. * (N.T.) O direito alemão conhece duas formas de participação. A primeira delas é a instigação (*Anstiftung*), na qual, segundo o § 26 do código penal alemão, o partícipe dolosamente determina o autor principal a cometer um ilícito doloso. A instigação é caracterizada, assim, pela provocação da resolução delitiva no autor principal. A outra forma de participação, que é o objeto de análise da decisão e do artigo traduzido, é a cumplicidade (*Beihilfe*). Segundo o § 27 do código penal alemão, "é punido como cúmplice aquele que dolosamente presta auxílio ao cometimento de ilícito doloso por parte de terceiro". Na cumplicidade, ao contrário da instigação, o tipo objetivo pressupõe que o cúmplice facilite o cometimento do fato principal por meio de um auxílio, seja ele material ou psicológico.

3. Ver o panorama de *Schünemann*, LK-StGB 12ª. ed. 2007, § 27 nm. 23 ss.; de forma pormenorizada *Kudlich*, Die Unterstützung fremder Straftaten durch berufsbedingtes Verhalten, 2004, p. 74 ss. e *Greco*, Cumplicidade através de ações neutras, 2004, p. 19 ss.

4. Assim, especialmente, *Jakobs*, GA 1996, 253, 261 ss.; *Lesch*, JA 2001, 187, 190; *idem,* JA 2001, 986, 990; com ênfase parcialmente diversa: FS Wolf Schiller, 2014, p. 448, 469.

5. *Hassemer*, wistra 1995, 41, 81.

Muitos seguem uma linha próxima à da jurisprudência, também de orientação subjetiva.[6] Em alguns casos, parte-se de uma ponderação global, que leva em conta critérios objetivos e subjetivos.[7] De forma mais isolada, defende-se também o reconhecimento do comportamento adequado à profissão como causa de justificação.[8]

2. Relatando o *caso* de modo um tanto simplificado: o acusado, enquanto administrador de uma empresa prestadora de serviços financeiros, pôs seus serviços à disposição de outros dois acusados, cujo modelo de negócios se baseava em chamadas "vendas negativas". Em call centers, realizavam-se chamadas telefônicas a vítimas, preferencialmente pessoas de idade mais avançada. Com a intenção de proceder a débitos automáticos de suas contas, as vítimas eram levadas a fornecer seus dados bancários, sob o pretexto de que teriam anteriormente fechado contratos de jogos de sorte/azar. Por solicitação dos dois agentes principais, cujos comportamentos foram objeto de um processo penal à parte, a empresa do acusado procedeu aos débitos segundo o procedimento de débito automático.[9*] Chamou a atenção do acusado o fato suspeito de que uma alta quantidade de clientes bloqueava os débitos (o que o titular da conta tem o direito

6. Especialmente *Roxin* e *Schünemann*, ver referências na nota de rodapé 12; assim, também, *Wittig*, Wirtschaftsstrafrecht, 3ª ed. 2014 § 6 nm. 154; *Heine/Weißer*, Schönke/Schröder StGB 29ª ed. 2014, § 27 nm. 13; de forma semelhante *Ransiek*, wistra 1997, 41, 43 ss.; *Otto*, FS Lenckner, 1998, p. 193, 214 s.; *idem*, JZ 2001, 436, 444.

7. Por exemplo, *Arzt*, NStZ 1990, 1, 3 ss.; *Lüderssen*, FS Grünwald, 1999, p. 329, 340 ss.; *Wohlleben*, Beihilfe durch äußerlich neutrale Handlungen, 1996, p. 121 ss.

8. *Tiedemann*, Wirtschaftsstrafrecht AT 4ª. ed. 2014, nm. 190.

9. * (N.T.) Optamos por utilizar "débito automático", por ser, no Brasil, o correspondente a uma espécie de transação financeira que, em inglês, é conhecida como "*direct debit*" ou "*pre-authorized debit*" e que, na Alemanha, recebe o nome de "*Lastschrift*". A "*Lastschrift*", tal como o nosso débito automático, é realizada pela instituição financeira e destina-se ao pagamento de despesas periódicas. Baseia-se em uma autorização conferida pelo sacado ao sacador, diferenciando-se das transferências programadas (na Alemanha, "Dauerauftrag"), sobretudo, na medida em que os saques podem ter valores diferentes. Ressalte-se que, no Brasil, há o chamado débito direto autorizado, introduzido em 2009 pela Febraban, mas que consiste apenas na apresentação eletrônica do boleto de pagamento para despesas periódicas, tendo ainda o devedor de proceder ao pagamento do boleto. Não corresponde, portanto, ao que seria a "*Lastschrift*" na Alemanha ou o "*direct debit*" em outros países.

de fazer, observado um pequeno prazo). Em uma ligação telefônica, ele teria dito aos outros dois: "Tomando por base apenas os números, as estatísticas que temos (...) Considerando essas quotas, sei que os senhores estão fazendo vendas negativas, que estão vendendo muito mal" (nm. 14). Ele ordenou que os dois deveriam passar a trabalhar de forma "limpa"; ainda assim, ele não deixou de efetuar os débitos baseados nos contratos anteriores, isto é, nos contratos sujos (nm. 15).

3. O Tribunal recorrido (o *Landgericht*) enxergou nisso uma cumplicidade punível. O acusado teria agido com o conhecimento seguro de que seu comportamento contribuía com um fato principal doloso e antijurídico (nm. 20), o que, segundo os critérios da jurisprudência para o tratamento da cumplicidade por ações neutras, seria suficiente para a punibilidade.

4. Para o *BGH*, essas considerações não são suficientes. O tribunal superior criticou a fundamentação insuficiente dos "requisitos subjetivos de uma cumplicidade punível" (nm. 25).

a) De início, o BGH recapitula e reproduz literalmente os *critérios* adotados sobretudo em BGHSt 46, 107, 112 s.[10] Essa posição fundamenta-se, basicamente, na distinção entre casos em que há conhecimento seguro e casos em que há mera dúvida.

> "Se o agir do autor principal se destina exclusivamente a cometer uma ação punível, e aquele que presta a contribuição sabe disso, essa contribuição para o ato deve ser tida como cumplicidade. (...) Por outro lado, se aquele que auxilia não sabe como a sua contribuição será utilizada pelo agente principal, se apenas considera possível que sua ação seja utilizada para cometer um delito, não se deve, em geral, considerar o seu agir uma cumplicidade punível, a não ser que o risco de um comportamento punível percebido e corroborado seja de tal forma alto, que, com a prestação da cumplicidade, interesse-lhe a promoção de alguém que reconhecivelmente está inclinado a cometer um delito." (nm. 26)

Esses critérios são então especificados – e isso é novo se comparado às decisões anteriores – no sentido de diferenciar entre casos

10. Ver, também, com a mesma formulação BGH NStZ 2000, 34; NStZ 2004, 41 nm. 12; por Senados Civis, ver BGH NJW-RR 2011, 551 nm. 48; BGH NJW 2012, 3177 (nm. 27); com formulações semelhantes ou próximas BGH NStZ 1992, 498; NStZ-RR 1999, 184; BGH wistra 2000, 459 (um caso de conhecimento seguro).

"em que a contribuição facilitadora, já objetivamente, não representa cumplicidade punível e casos em que razões de ordem subjetiva obstam a punibilidade" (nm. 27). Sob o ponto de vista objetivo, seria esse o caso quando ausente "um sentido delitivo", "pois o agir do autor principal facilitado pelo cúmplice não se dirige apenas ao cometimento de uma ação punível, de modo que a contribuição prestada por este não perderia seu sentido, caso inexistente a ação punível do autor" (nm. 28). Sob o ponto de vista subjetivo, o caráter cotidiano do agir ainda poderia, para aquele que considera a utilização de sua contribuição pelo autor algo meramente possível e não seguro – isto é, para aquele que age com dolo eventual –, levar à incidência do princípio da confiança[11*] (nm. 29).

Em seguida, esses critérios são *aplicados* ao caso (nm. 30 ss.). Sob o ponto de vista objetivo, o sentido delitivo não poderia, é certo, ser questionado. "Não há qualquer razão para uma restrição objetiva da punibilidade da cumplicidade prestada pelo acusado" (nm. 30). Assim, o conhecimento seguro acerca do proceder do agente principal teria certamente bastado para a punibilidade (nm. 31). Contudo, tal conhecimento não fora demonstrado; o acusado teria aqui apenas considerado possível o cometimento dos delitos de estelionato por parte dos agentes principais. Em tais casos, exigir-se-iam constatações concretas de que ele teria promovido alguém que reconhecivelmente tende a cometer um delito. Seriam necessários "pontos de apoio, indícios dos quais resulte, no mínimo, parecer muito provável que todo o agir do autor principal, para o qual contribuiu o acusado, estivesse

11. *(N.T.) O princípio da confiança encontra hoje aplicação no direito alemão, sobretudo, em situações de divisão de trabalho. Em linhas gerais, o princípio afirma que ninguém precisa assumir, no exercício de atividades lícitas, que outros se utilizarão dessas atividades para cometer delitos. Jakobs, que eleva a confiança a princípio geral de imputação penal, o define como "a permissão para confiar no comportamento correto de outras pessoas (...), apesar da experiência mostrar que estas cometem falhas." *Jakobs*, Strafrecht Allgemeiner Teil, 2ª ed., Berlin: De Gruyter, 1991, p. 208-209. Para breve exposição e crítica em português, ver, do próprio autor do artigo traduzido: Greco, Cumplicidade através de ações neutras: a imputação objetiva na participação, Rio de Janeiro, 2004, p. 27 e ss. Em estudo voltado para o tema: Pimentel Albuquerque, Princípio da confiança no direito penal: uma introdução ao estudo do sujeito em face da teoria da imputação penal objetiva funcional, Rio de Janeiro, 2006 e *Siqueira*, O princípio da confiança no direito penal, Belo Horizonte, 2016.

orientado ao cometimento das tentativas de estelionato – como de fato era o caso – ou, se não, que pelo menos uma parte das operações a serem efetuadas pudessem ser reconduzidas a tais delitos" (nm. 32). Em especial, o conhecimento do acusado das vendas negativas não constituiria indício suficiente para configurar cumplicidade punível (nm. 34).

II. Tensões sistemáticas: critérios objetivos no tipo subjetivo?

A decisão contém tensões internas. A primeira parece ser mais de caráter dogmático-construtivo. Há, na decisão – dando seguimento à linha de pensamento assumida anteriormente pela jurisprudência[12] –, afirmações concretas sobre *a posição dogmático-sistemática das considerações restritivas da punibilidade* no âmbito da cumplicidade por meio de ações neutras. Essas afirmações, no entanto, *não se revelam, de forma alguma, claras.*

Primeiramente, fala-se sobre os "requisitos *subjetivos* de um auxílio punível" em geral (nm. 25), referindo-se, com isso, provavelmente ao tipo subjetivo da cumplicidade (ou ao que mais?). Ao tratar desses requisitos, contudo, diferenciam-se as causas que obstam a punibilidade em objetivas e subjetivas (nm. 27 ss.). As considerações em que se fundamenta a decisão referem-se, em primeira linha, às causas subjetivas (nm. 32 ss.). Entretanto, o BGH busca indícios objetivos que deem a entender ao acusado ser muito provável estar lidando com alguém que reconhecivelmente está inclinado a cometer um delito (nm. 32). Em última análise, isso dependeria, para os casos em que há cogitação, de uma grandeza de ordem objetiva, qual seja, de uma probabilidade muito alta. Assim sendo, pergunta-se não só se é correto alocar o problema no tipo subjetivo, mas mesmo se foi realmente isso que se quis dizer.

Podem-se apresentar argumentos convincentes contra uma solução da problemática da cumplicidade por ações neutras no âmbito do tipo subjetivo. Se a consideração de determinadas intenções ou atitudes internas (uma postura de "solidarização",[13] por

12. Ver BGH NStZ 2000, 34: "dolo da cumplicidade"; NJW-RR 2011, 551 nm. 48; BeckRS 2011, 19295 nm. 53.

13. Assim, sobretudo, *Schumann*, Strafrechtliches Handlungsunrecht und das Prinzip der Selbstverantwortung der Anderen, 1986, p. 50, e, no entanto,

exemplo) fosse determinante para os limites externos das esferas de liberdade dos cidadãos, a vontade má poderia fundamentar a punição, e a vontade boa, excluí-la; estar-se-ia, com isso, num direito penal de atitude interna.[14] Não é isso, entretanto, o que faz o BGH, nem tampouco o que fazem os autores aos quais esse recorre desde as primeiras decisões.[15] Eles não se baseiam em intenções ou atitudes internas; em outras palavras, não se baseiam em grandezas volitivas ou emocionais, mas em uma grandeza cognitiva: pergunta-se se o agente reputa certo ou meramente possível o auxílio do delito principal. Com isso, o posicionamento do problema em um setor subjetivo se desvela, na verdade, como uma alocação objetiva, como atinente ao aspecto externo do fato.

Afinal, em *casos de conhecimento da possibilidade*, devem ser excluídas suposições vagas sem arrimo fático objetivo – por exemplo, a aparência suspeita daquele que compra uma faca em uma loja de artigos de construção.[16] O que faz do comportamento algo proibido não é a consideração (subjetiva) da possibilidade, mas a *tendência ou reconhecível inclinação (objetiva) para o fato*. Isso se torna claro quando ausente a própria consideração da possibilidade – por exemplo, quando aquele que quer comprar a faca entra às pressas na loja de construção, sendo visível sua intenção de retornar rapidamente à rixa que se desencadeia diante da porta,[17] mas sem que isso tudo seja percebido pelo vendedor desatento –, pois, nesses casos, é evidente a possibilidade de uma punição por culpa. Em outras palavras: a chamada "reconhecível inclinação para o fato" não é senão

com grandes divergências *Schild-Trappe*, Harmlose Gehilfenschaft? Eine Studie über Grund und Grenzen der Gehilfenschaft, Bern, 1995, especialmente p. 29, 121.

14. *Roxin*, Strafrecht AT II, 2003, § 26 nm. 224; *Wohlers*, SchwZStr 117 (1999), 425, 432 (ambos no sentido de sua crítica ao critério da solidarização); *Weigend*, FS Nishihara, 1998, p. 197, 200; *Tag*, JR 1997, 49, 51.

15. Ver *Roxin*, FS Tröndle, 1989, p. 178, 196 ss.; *idem*, LK-StGB 11. ed., 1992, § 27 nm. 17 ss.; *idem*, FS Miyazawa, 1995, p. 501, 512 ss.; *idem*, Strafrecht II, § 26 nm. 221 ss.; ver, também, *Schünemann*, LK-StGB § 27 nm. 17 ss.

16. *Roxin*, Chengchi Law Review 50 (1994), 219, 220, 222 s.; *idem*, AT II § 26 nm. 241.

17. De forma semelhante, a variante do exemplo em *Roxin*, Chengchi Law Review 50 (1994), 219, 222 s.; *idem*, AT I § 24 nm. 28; *idem*, AT II § 26 nm. 241.

uma fórmula com que se quer redesenhar, de forma mais concreta, os limites do princípio de confiança,[18] uma figura cujo âmbito de aplicação é principalmente o do delito culposo (precisamente, o delito que desconhece um tipo subjetivo).

Nos *casos de conhecimento seguro*, apenas à primeira vista parece ocorrer algo diverso. Aqui se chega à discussão mais geral sobre a relevância do chamado conhecimento especial para o tipo objetivo.[19] Há uma convicção majoritária no sentido de que esse conhecimento é de importância já para o tipo objetivo.[20] Os fundamentos dessa convicção são, contudo, menos certos. Essas dificuldades se explicam talvez pelo fato de que as contribuições sobre o tema – também a minha própria[21] – não consideraram, suficientemente, que, nesses casos, não importam os estados mentais ao tempo da realização da conduta proibida. A melhor forma de aclarar isso é, mais uma vez, por meio de um caso de delito culposo: o professor de educação física é advertido pela mãe de que o filho é hemofílico; o professor esquece isso e permite que a criança jogue futebol, o que acaba por ter consequências fatais. Aqui ninguém teria dúvidas em afirmar um homicídio culposo; ao tempo do ato, todavia, nosso professor de educação física

18. Assim, expressamente, *Roxin*, FS Tröndle, p. 190 ss.; *idem,* LK-StGB 11. ed. § 27 nm. 21; *idem,* Chengchi Law Review 50 (1994), 219, 222 s.; *idem,* FS Miyazawa, p. 516; *idem,* AT I § 24 nm. 28 ss.; *idem,* Strafrecht II, § 26 nm. 241.

19. Sobre o tema, ver *Greco*, ZStW 117 (2005), 519 ss., com referências à discussão precedente; posteriormente, *Sacher*, Sonderwissen und Sonderfähigkeiten in der Lehre vom Straftatbestand, 2006, especialmente p. 187 ss.; *Börgers*, Studien zum Gefahrurteil im Strafrecht, 2008, especialmente p. 73 ss.; *Murmann*, FS Herzberg, 2008, p. 123 ss.; *Serrano Gonzales de Murillo*, FS Roxin II, 2011, p. 345 ss.

20. Por exemplo, *Frisch*, Tatbestandsmäßiges Verhalten und Zurechnung des Erfolgs, 1988, p. 71; *Wolter*, in: Schünemann/Figueiredo Dias (Hrsg.), Bausteine des europäischen Strafrechts, 1995, p. 3, 23 (Fn. 84); *Köhler*, Strafrecht Allgemeiner Teil, 1997, p. 184; *Schünemann*, GA 1999, 207, 216; *Greco*, ZStW 117 (2005), 531 ff, (com outras referências em p. 519, nota de rodapé 6, e crítica às opiniões contrárias em p. 534 ss.); *Roxin*, AT I § 11 nm. 57; Eisele, in:Schönke/Schröder StGB 29. ed. 2014 Vorbem §§ 13 ss. nm. 93; *Puppe*, NK-StGB 4. ed. 2013, Vorbem §§ 13 ss. nm. 157.

21. Ver nota de rodapé 16. A Frisch, contudo, isso não passou desapercebido, ver *Frisch*, in: Wolter/Freund (Hrsg.), Straftat, Strafzumessung und Strafprozeß im gesamten Strafrechtssystem, 1996, p. 135, 183; *idem,* FS Roxin I, 2001, p. 213, 230.

não tinha o conhecimento da qualidade de hemofílico da criança. Com isso, resta claro que o conhecimento especial – diferentemente do chamado tipo subjetivo[22] – não é relevante enquanto componente subjetivo, interno, mental, da ação típica. Uma coincidência temporal entre conhecimento especial e realização do comportamento proibido não é, portanto, necessária. O conhecimento especial permite, ao contrário, que determinadas circunstâncias (objetivas) da realidade sejam levadas em conta para determinar o que seria dever objetivo de cuidado, a criação de um risco não permitido ou o comportamento típico, ainda que essas circunstâncias não sejam perceptíveis a um membro prudente e consciencioso pertencente ao respectivo círculo de relações.

Assim, pode-se fixar um *primeiro resultado parcial*: a distinção subjetiva entre casos de conhecimento seguro (per se puníveis) e casos em que há dúvida (em geral, não puníveis, exceto em face de reconhecível inclinação para o fato) é, na verdade, uma distinção objetiva. Embora isso não corresponda à classificação empreendida pelo próprio BGH, corresponde inteiramente à maneira como o Tribunal procede na presente decisão.

III. Tensões materiais: reconhecível inclinação para o fato somente em face de alta probabilidade de uma facilitação do fato principal?

Ainda mais importantes são tensões que se situam em um nível, por assim dizer, mais profundo, não mais dogmático-construtivo, e sim material. Essas tensões se relacionam com a *aplicação concreta, demasiado restritiva, do critério da reconhecível inclinação para o fato* por parte do BGH. Segundo o Tribunal, seria de afirmar-se a punibilidade apenas quando os indícios fizessem "pelo menos, parecer muito provável" a facilitação do fato principal (nm. 32).

Não só o juízo a quo defendera uma conclusão diversa, apesar da convergência no ponto de partida. Ao exigir uma probabilidade

22. Este, segundo opinião dominante, sequer existe nos delitos culposos (diferentemente *Struensee*, GA 1987, 97, 99 s.; *idem,* JZ 1987, 53, 58, 60; para uma crítica convincente, *Herzberg*, JZ 1987, 536 ss.; *Roxin*, GS Armin Kaufmann, 1989, p. 239, 249 ss.).

muito alta, também o BGH ingressou em território novo. Isso se torna claro quando se tem em mente que o critério da reconhecível inclinação para o fato, como dito, seria apenas uma concretização ilustrativa da exceção reconhecida ao princípio de confiança, seria a forma que esse princípio assume nos casos de delitos dolosos por parte de terceiros.[23] Comprovam-no também os exemplos por meio dos quais esse critério é elucidado, como o caso em RGSt 64, 375, no qual a amante de um homem casado, que em seguida matou sua esposa, fornecera-lhe veneno em circunstâncias suspeitas, tendo então afirmado que "ele realmente não faria mal a sua mulher".[24] Outras decisões mais recentes do mesmo Senado, que rechaçaram a punição por cumplicidade, também demonstram a ocorrência de uma reorientação restritiva. Uma dessas decisões, tratando do caso de um advogado que elaborara um prospecto para uma firma de investimento de capitais que praticava estelionatos, fala em conhecimento de "alta probabilidade" do fim criminoso do autor principal (BGH NStZ 2000, 34); o Senado, contudo, recusou-se, fundamentalmente, a deduzir esse conhecimento apenas do conhecimento do risco contido no modelo de investimentos oferecido.

> "Desse modo, é problemático concluir, somente com base no conhecimento do risco particular contido no modelo de investimentos da WI-Sociedade Limitada, pelo conhecimento ou expectativa segura acerca de informações inverídicas dadas por quem vendia por telefone para seus clientes, sobretudo considerando que os clientes recebiam o prospecto inteiramente feito pelo acusado e correto em seu conteúdo."[25]

Dá-se aqui algo diferente do caso em análise, no qual os eventuais estelionatos, por parte dos autores principais, impõem-se de tal forma ao acusado que ele chega a lhes pedir explicações devido à venda negativa.

23. Ver, acima, nota de rodapé 15.

24. *Roxin*, AT I § 24 nm. 32, que concorda, no resultado, com a decisão.

25. Ver, também, do mesmo Senado BGH NStZ 2004, 41: o acusado dera aos receptores de um dinheiro sujo a dica sobre onde, na Suíça, eles poderiam investir seu dinheiro; o Senado enxerga aqui uma facilitação a alguém tendente a cometer um delito (nm. 13). O Senado não se pergunta, com razão, sobre uma acentuada probabilidade de que os receptores do dinheiro sujo decidiriam sonegar impostos. A condenação por cumplicidade é reformada por outras razões (nm. 14).

Pergunta-se, entretanto, se há boas razões para essa restrição. Não se encontra, na decisão, uma fundamentação inequívoca e explícita dessa exigência. Quando muito, pode-se deduzir a restrição a partir das considerações com as quais são esclarecidas as causas subjetivas que obstariam a punibilidade da cumplicidade:

> "O BGH, nos casos em que aquele que presta a contribuição não sabe como esta será utilizada pelo autor principal, considera que a punibilidade depende de que o risco de um comportamento punível por parte do auxiliado e reconhecido por aquele que presta a contribuição seja de tal forma alto, que, com a sua prestação de auxílio, ele facilite a conduta de um agente reconhecivelmente inclinado para o fato; isso considerado, constata-se então que ninguém deve se abster de ações corriqueiras, socialmente aceitáveis, em razão de meras suposições sobre a possibilidade de uma utilização punível." (nm. 29)

Entre as meras "suposições" mencionadas pelo BGH, as quais, por assim dizer, flutuariam no ar, e a alta probabilidade que o Tribunal exige, há, todavia, algo intermediário, qual seja, a *probabilidade "normal"*, que é a que se deixa reconduzir a *pontos de apoio fáticos concretos*. Um tal ponto de apoio existia perfeitamente aqui: o acusado e seus colegas acharam estranha a quota de bloqueio desproporcionalmente alta. O BGH critica que o juízo a quo não analisou as diferentes explicações possíveis para esses números e, além disso, que mesmo a suspeita de venda negativa não teria de significar necessariamente uma suspeita de estelionato, pois haveria formas de venda negativa que não realizariam um estelionato (nm. 34). Isso pode, muito bem, estar correto; é questionável, entretanto, se se deve ser tão exigente a ponto de negar que essas circunstâncias sejam suficientes para uma cumplicidade punível. De todo modo, deveria restar claro que, no caso, não se tratava de meras suposições sobre a possibilidade de uma utilização punível da contribuição do acusado, de modo que a única fundamentação oferecida pela decisão se demonstra insuficiente.

Com isso, pode-se formular uma *segunda conclusão parcial*: nos casos de cumplicidade neutra, o BGH não se satisfaz com indícios concretos para concluir pela existência de uma contribuição punível para um fato principal; o Tribunal exige alta probabilidade de que o fato principal venha a ser cometido. Um argumento para essa linha restritiva, contudo, não é oferecido, de modo que sua justificação ainda permanece por esclarecer.

IV. Em busca do argumento faltante

Com isso, parece claro qual a última questão a examinar. É de perguntar-se se há uma razão para, nos casos de cumplicidade por ações neutras, exigir mais do que a grandeza intermediária da probabilidade "normal", ou seja, mais do que uma probabilidade fundada em pontos de apoio fáticos da facilitação do fato principal.[26] Somente depois de responder a essa questão, poder-se-á avaliar se é convincente a restrição empreendida pelo BGH por meio da exigência de uma probabilidade muito alta.

1. Seria natural recorrer ao *Art. 12 da Lei Fundamental*,[27] isto é, à liberdade profissional, a âncora de que se serviu o Tribunal Constitucional para a fundamentar restrição semelhante no âmbito da lavagem de dinheiro realizada por advogados criminais.[28] Ainda que seja cada vez mais comum recorrer diretamente à Constituição na ciência do direito penal, há que ser cauteloso diante dessa tentação.[29] Não apenas em razão do alto nível de abstração das figuras de direito constitucional, pouco se consegue deduzir para as questões limítrofes extremamente concretas da dogmática penal. Levado às últimas consequências, esse recurso ao direito constitucional desemboca em nada mais que em um teste de proporcionalidade caso a caso, ou seja, em uma imprevisível e arbitrária ponderação.[30] Várias circunstâncias que, sob a perspectiva jurídico-penal, não podem ter qualquer importância se tornariam relevantes, e, ao contrário, o que é de relevo para o direito penal seria taxado de insignificante. À guisa de exemplo, seria necessário diferenciar se quem presta a cumplicidade é alemão ou não, visto que a liberdade profissional é um direito fundamental

26. Para essa pergunta, raramente feita de forma explícita, também *Frisch* (nota de rodapé 17), p. 266 ss.

27. Ao artigo recorre também, em relação à cumplicidade por ações neutras, especialmente *Kudlich* (nota de rodapé 2), p. 268 ss.; em princípio, já *idem,* JZ 2003, 130; anteriormente, também *Löwe-Krahl*, Die Verantwortung von Bankangestellten bei illegalen Kundengeschäften, 1990, p. 42; *idem,* wistra 1995, 201, 205; *Otto*, FS Lenckner, 1998, p. 193, 212 ss., que defendem não serem puníveis, em geral, os casos de dolo condicionado; *Ambos*, JA 2000, 721, 724 s.

28. BVerfGE 110, 226 (251 ss.).

29. De forma pormenorizada, *Greco*, in: Brunhöber u.a. (Hrsg.), Strafrecht und Verfassung, 2013, p. 13 ss.

30. Greco (nota de rodapé 26), especialmente p. 32 ss.

para alemães; estrangeiros só podem evocar a liberdade geral de ação genérica (Art. 2 I da Lei Fundamental), direito com menor peso na balança da ponderação;[31-32*] ou se o fato principal consiste em homicídio, violação de domicílio ou furto, delitos que afetam direitos fundamentais (Art. 2 II, Art. 13 I, Art. 14 I GG), ou, por exemplo, se é "apenas" estelionato ou infidelidade patrimonial,[33*] visto que o patrimônio como tal[34**] não está, em regra, abrangido no âmbito de proteção do Art. 14 da Lei Fundamental.[35]

2. Seria, dessa forma, mais promissor buscar um critério de natureza não mais constitucional, e sim especificamente jurídico-penal. Esse poderia tomar como ponto de partida, por exemplo, o *princípio de proteção de bens jurídicos*,[36] cuja correção material é independente da pergunta formal sobre a posição desse princípio na hierarquia das fontes jurídicas (pergunta à qual se restringiu a decisão

31. Por todos, apenas *Scholz*, Maunz/Dürig-GG (47. Lfg., Juni 2006) Art 12 nm. 103 ss., com mais referências.

32. *(N.T.) Concretamente: enquanto a liberdade geral de ação, entendida como o direito de fazer o que bem se entenda, pode ser restringida por qualquer lei proporcional, a liberdade profissional só pode ser restringida por lei que atenda aos bem mais estritos limites da chamada "teoria dos três níveis", a qual aqui não convém explicar.

33. *(N.T.) O autor faz referência aqui ao delito que, no direito alemão, recebe o *nomen juris* "*Untreue*". A "*Untreue*" não encontra correspondente no Brasil. Em linhas gerais, o tipo penal pressupõe o abuso ou a quebra de um dever de fidelidade por parte do agente em sua tarefa de administração do patrimônio alheio, resultando em dano patrimonial. Sobre esse delito ver *Leite/Teixeira*, "O principal delito econômico da moderna sociedade industrial": Observações introdutórias sobre o crime de infidelidade patrimonial, in: RBDPE Revista Brasileira do Instituto de Direito Penal Econômico 1 (2017), p. 15 e ss.

34. **(N.T.) O art. 14 da Lei Fundamental alemã afirma estar protegida a propriedade; o Tribunal Constitucional Federal entende que o seu âmbito de proteção não é tão amplo a ponto de abranger o patrimônio como tal, ou seja, o conjunto dos valores pertencentes a uma pessoa. Ver, por exemplo, BVerfGE 4, 7 (17); 78, 232 (243); 91, 207 (220).

35. Ver, por exemplo, *Papier*, Maunz/Dürig-GG (59. Lfg., Juli 2010) Art 14 nm. 160.

36. Para a proteção de bens jurídicos como tarefa do direito penal, por exemplo, *Roxin*, GA 2013, 433; *Schünemann*, in: Hefendehl/Wohlers/v. Hirsch (Hrsg.), Die Rechtsgutstheorie, 2003, p. 133 ss.; *Hefendehl*, GA 2007, 1; *Greco*, Lebendiges und Totes in Feuerbachs Straftheorie, 2008, p. 353 s. Para uma primeira tentativa de extrair disso um critério para casos de cumplicidade por ações neutras, *Greco* (nota de rodapé 2), p. 135 ss.

bastante criticada do BGH Constitucional sobre o incesto [BVerfGE 120, 224, 241 ss.][37]).

De fato, os casos de cumplicidade por ações neutras aqui investigados apontam para uma particularidade, tendo em vista, precisamente, o princípio de proteção de bens jurídicos. Aqui frequentemente será possível obter, sem maiores dificuldades e por vias legais, a contribuição que o autor principal esperava receber de seu cúmplice em caso de recusa por parte desse. Isso significa que, muitas vezes, a proibição da conduta do cúmplice não desencadeará quaisquer consequências positivas para a proteção de bens jurídicos.[38] É o que acontece em muitos dos exemplos construídos pela literatura: faria pouco sentido proibir ao padeiro a venda de um pão,[39] exigir do taxista que recusasse a viagem a um passageiro, tão logo surja a suspeita (mesmo que não infundada) de que os clientes estão imbuídos de más intenções; do outro lado da rua, há outra padaria; o outro táxi livre espera, porventura, logo atrás. Nosso padeiro ou taxista, ou seja, aquele que conhece os indícios concretos para o cometimento do delito, teria, nesses casos, sua liberdade de ação restringida por meio da proibição, sem que a obediência a essa proibição tenha uma utilidade relevante no que toca à proteção de bens jurídicos.

Um breve olhar sobre casos de autoria e de instigação confirma o estado de coisas ora ressaltado. Na *autoria*, é evidente que uma proibição geral de todo comportamento contendo indícios da possibilidade de uma violação a bens jurídicos será um meio idôneo para proteção desses bens. Se o destinatário da proibição se abstiver de

37. Para a crítica da decisão sobre o incesto, por exemplo, *Roxin*, StV 2009, 544 ss.; *Heinrich*, FS Roxin II, 2011, p. 131, 140 ss.; *Duttge*, ebda., p. 227 ss.; *Greco*, ZIS 2008, 234 ss. (há tradução brasileira: RBCC 82 (2010), pp.165); *Zabel*, JR 2008, 453 ss.; *Ziethen*, NStZ 2008, 617 s.

38. Esse ponto de vista, intuitivamente esclarecedor, não passou desapercebido na discussão; ver, sobretudo, *Frisch* (nota de rodapé 17), especialmente p. 270 s., 286; *Puppe*, Die Erfolgszurechnung im Strafrecht, 2000, p. 151 ss.; *dies*. Strafrecht Allgemeiner Teil im Spiegel der Rspr., vol. 1, 1ª ed. 2002, § 5 nm. 41 s. (as passagens, infelizmente, não podem ser mais encontradas na 2ª Edição, de 2011), sustentando uma posição, no resultado, bastante parecida; ver, também, a menção de passagem de *Kudlich/Oglakcioglu*, Wirtschaftsstrafrecht, 2. ed. 2014, nm. 192.

39. Encontra-se esse exemplo em *Jakobs*, AT 2ª ed. 1993, § 24 nm. 17; *Roxin*, FS Tröndle, p. 196; *Puppe*, AT 2ª ed. 2011 § 26 nm. 13.

realizar a ação proibida, a lesão ao bem jurídico se verificará, em regra, em um momento claramente posterior. Mesmo a existência de um autor substituto altera essa situação, visto que esse, a seu tempo, é destinatário de uma segunda norma proibitiva, que a ele se dirige. Isso poderia ser diferente nos casos de cumplicidade, quando um serviço que o substitua puder ser obtido, de forma legal, sem maiores complicações.

O *instigador*, por sua vez, faz surgir no autor principal a decisão de cometer o fato, de modo que, em caso de abstenção, não se chegaria, *per definitionem*, à violação concreta ao bem jurídico causada pelo fato principal. Por outro lado, o cúmplice se depara, em regra, com alguém já decidido. Nesse sentido, pode-se dizer que o cúmplice, ao contrário do instigador, é, em princípio, substituível.

A isso se poderia *objetar* que estariam sendo consideradas *cursos causais hipotéticos*, com o fim inadmissível de livrar aqueles que, em realidade, conduziram-se de maneira ilícita.[40] Essa objeção, contudo, pode ser solapada sem muitos esforços, apontando para seu caráter circular e equívoco. É circular, porque não se trata aqui de perguntar se alguém que, em realidade, comportou-se ilicitamente pode ser absolvido reportando-se a algo hipotético, mas antes se o próprio comportamento ilícito existe. Pergunta-se se a proibição, por exemplo, da venda de um pão ou da condução de um passageiro é em si justificável, ainda nos casos em que se mostre inútil. Além disso, parece necessário refletir melhor a respeito do slogan da suposta irrelevância do hipotético – ainda que essa reflexão se afigure impossível na presente sede. É certo que ninguém irá tão longe a ponto de retirar a proteção a bens que estejam fadados ao perecimento.[41] Há, no entanto, uma variedade de casos em que o hipotético é, sim, considerado, e com razão.[42] A fórmula da *conditio-sine-qua-non*

40. Na discussão, uma tal crítica tem sido dirigida, sobretudo, contra *Frisch*; ver, por exemplo, *Wolff-Reske*, Berufsbedingtes Verhalten als Problem mittelbarer Erfolgsverursachung, 1995, p. 120; *Wohlleben*, Beihilfe durch äußerlich neutrale Handlungen, 1996, p. 78 s.; *Amelung*, FS Grünwald, 1999, p. 9, 14; *Ambos*, JA 2000, 721, 723.

41. Nesse sentido, contudo, *Arthur Kaufmann*, in: Schuld und Strafe, 2. ed. 1983, p. 49, 76 ss. (= FS Eb. Schmidt, 1961, p. 200).

42. Nesse sentido, já *Greco* (nota de rodapé 2), p. 146 ss.

sustenta-se em uma pergunta sobre uma hipótese;[43] na interrupção de um curso causal salvador e no delito omissivo, nada se soluciona sem a construção de hipóteses;[44] a pergunta relacionada ao nexo de violação de dever não é senão a pergunta sobre a relevância de um comportamento hipotético lícito por parte do destinatário da norma;[45] para não falar aqui do (com razão[46]) controvertido instituto jurídico do consentimento hipotético.[47] Se há, de fato, regras claras em relação à relevância de cursos causais hipotéticos, uma delas consiste em que o comportamento hipotético *ilícito* de alguém não pode, em princípio, ser considerado para desobrigar a outra pessoa.[48] Essa regra, contudo, foi rigorosamente observada nas considerações desenvolvidas até aqui. Afinal, com vistas à proteção de bens jurídicos, uma proibição de comportamento só é declarada sem sentido quando um comportamento substituto *legal* pode ser obtido sem grandes dificuldades.[49]

43. Isso é amiúde oposto à formula como uma deficiência e apresentado como argumento para a teoria da condição conforme a uma lei natural, como, por exemplo, em *Jakobs*, AT § 7 nm. 11.

44. Em vez de todos, para mais referências, apenas *Roxin*, AT I § 11 nm. 34; diferentemente, em relação à interrupção de um curso causal salvador *Jakobs*, AT § 7 nm. 22, embora não convincente.

45. Apesar disso, há vozes isoladas que o contestam; por exemplo, *Jakobs*, FS Lackner, 1987, p. 53, 57 ss.; *idem*, AT § 7 nm. 74 ss.; de forma cética e com razão, *Frisch* (nota de rodapé 17), p. 531.

46. Ver, com argumentos dignos de consideração, *Puppe*, GA 2003, 764; *A. Albrecht*, Die hypothetische Einwilligung im Strafrecht, 2010, insb. p. 499 ss., especialmente p. 499 ss.

47. Por exemplo, BGH NStZ 1996, 34, 35; StV 2004, 376, 377; para uma apresentação abrangente e outras referências, Albrecht (nota de rodapé 40), p. 63 ss., p. 168 ss.

48. Assim, em geral, *Samson*, Hypothetische Kausalverläufe im Strafrecht, 1972, p. 141, que fala de um "princípio de assunção" (Übernahmeprinzip); adicionalmente *Roxin*, AT I nm. 58, que pretende, contudo, ampliar a regra também para o comportamento hipotético lícito (nm. 60).

49. Poder-se-ia ainda objetar que carregar uma escada para o violador de domicílio não seria assim cumplicidade se ele mesmo, caso necessário, estivesse disposto a carregá-la. São possíveis três réplicas: pode-se reconhecer que é esse o caso (assim, em conclusão, *Schaffstein*, FS Honig, 1970, p. 169, 182, que introduziu o exemplo na discussão); pode-se recuar para a figura da cumplicidade psíquica (com todos os conhecidos problemas dessa figura jurídica); ou, o que parece a melhor solução, pode-se sustentar que os princípios desenvolvidos se referem, em primeira linha, a comportamentos hipotéticos de terceiros, pois a circunstância de que o próprio agente tenha de realizar o

3. A partir desse fundamento, torna-se possível tomar postura sobre a atitude restritiva da jurisprudência, que, na decisão ora comentada, afirmou ser punível a cumplicidade somente em face da altíssima probabilidade do fato principal. Deve-se concordar inteiramente com o BGH que, em casos de cumplicidade, uma proibição não é justificável, simplesmente, em face da existência de indícios concretos apontando para o cometimento de um fato principal ilícito e de conhecimento daquele que presta a cumplicidade. Há que se acrescentar a esses indícios concretos a *idoneidade da proibição para dificultar de forma sensível o cometimento do fato principal* (e, com isso, reverter-se em favor da proteção de bens jurídicos); essa idoneidade está *excluída* quando, *de forma legal e sem esforço considerável, um substituto estivesse ao alcance.*

Demanda maior precisão aqui apenas o *esforço considerável.* Ele pode ser reconduzido, sobretudo, a duas considerações. Primeiro, o serviço substituto tem de estar *efetivamente* à disposição, de modo que a sua utilização *não levaria sequer a um atraso do plano geral.* Durante o dia, encontra-se facilmente um pão em outro lugar, mas não aos domingos ou no período noturno. Não se encontrará, em regra, outro táxi na noite de réveillon ou em bairros pouco movimentados. Quando a recusa não for apta a provocar essa ordem de dificuldades, mostra-se, da perspectiva da proteção de bens jurídicos, inadequado proibir ao padeiro ou ao taxista as contribuições incentivadoras do delito somente em face da alta probabilidade do cometimento do fato principal.

Em segundo lugar, é preciso que a tomada de conhecimento, por parte de quem presta o auxílio, sobre os indícios concretos objetivamente existentes baseie-se no acaso, para que se possa negar existência de um esforço considerável e, com ela, de idoneidade da proibição para proteger bens jurídicos. Imagine-se, por exemplo, que o beneficiário do serviço, ou seja, o autor principal, dê com a língua nos dentes ou faça perguntas impróprias ("o senhor teria, além do pão, um bom veneno?"; "tomara que não haja câmaras de vigilância

comportamento que, *per definitionem*, facilita o delito tem de ser também, *per definitionem*, um *esforço considerável*. Sobre esse critério, ver o texto a seguir.

nem guardas perto de onde vou descer, senão teremos de voltar").[50] Essa exigência está ausente também no caso, acima mencionado, do advogado que produz o prospecto sobre contratos futuros de mercadorias, visto que a intermediação de negócios de alto risco é uma atividade conforme ao direito. Contudo, quando os *indícios concretos* residem, de algum modo, "na coisa em si", eles são, de igual forma, *objetivamente perceptíveis para todos os cúmplices substitutos*; assim, para o autor principal, toda requisição de um substituto será um arriscado ato de confiança e, nesse sentido, um esforço considerável. Presentes tais indícios, o autor principal tem de esperar, por parte de quem presta o auxílio, não só a contribuição concreta para o delito, mas também que ele não faça maiores questionamentos, que se faça de tolo, que se abstenha de contar tudo a outros e, sobretudo, às autoridades, e que ele aceite mover-se conscientemente pelo menos no limite extremo da legalidade. Em um Estado no qual impera o direito, que precisamente não é um estado de natureza, muitos não estão dispostos a isso, de modo que continua sendo razoável, já em tais casos, manter a proibição de facilitação erigida para o fim de proteção de bens jurídicos.

4. De posse desses critérios objetivos, podemos nos debruçar sobre o caso decidido pelo BGH. Aqui havia indícios objetivos, indícios, por assim dizer, ligados à própria coisa, no sentido de que se tratava de uma facilitação de atos principais ilícitos, a saber, a quota excessiva de débitos bloqueados. Diante de uma recusa à realização dos serviços financeiros por parte dos acusados, os autores principais teriam de encontrar outro em quem confiassem que fecharia os olhos, não formularia perguntas desagradáveis e faria solicitamente apenas aquilo que lhe fosse pedido e pelo qual fosse pago. Trata-se, assim, claramente de cumplicidade punível. O BGH, sem razão aparente, usou de generosidade à custa da proteção de bens jurídicos.

50. Semelhante, no conteúdo, *Frisch* (nota de rodapé 17), especialmente p. 270.

V. Cumplicidade por ação neutra posterior ao comportamento típico?

Há que mencionar também outra particularidade do presente caso. O caso decidido apresenta uma estrutura particular, que é incomum se comparada a outros casos que predominam na discussão travada até aqui. Normalmente, a proibição da cumplicidade antecipa-se ao próprio comportamento típico do autor principal: o fato principal é somente uma possibilidade que desponta no horizonte quando o comando normativo firmado no § 27 StGB[51*] se torna real e vinculante. Isso já põe sob particular pressão a legitimidade da punição da cumplicidade e pode inclusive ser uma parte do motivo por que a cumplicidade tentada não é punível. Assim, exatamente em casos de comportamento corriqueiro, neutro, parece, de certa forma, desmedido exigir do destinatário da norma que ele sempre conte com a possibilidade de uma utilização abusiva de seus serviços e que, em caso dúvida, afaste-se de tudo.

Por ter o estelionato uma natureza de delito em que a vítima mesma se lesiona,[52] ou, como dizem alguns, por consistir ele em uma autoria mediata tipificada,[53] bem como por se tratar daquilo que se chamada de delito de comportamento vinculado (verhaltensgebundenes Delikt), pode, com mais frequência, dar-se que o comportamento facilitador só se realize *depois* de concluído o comportamento do autor principal. Devido à vinculação do comportamento, não há autoria (o que seria diferente em caso de homicídio); a cumplicidade (e não, por exemplo, o favorecimento real) ocorre porque o delito ainda não foi consumado. No caso concreto, o ilícito principal teria consistido no dano às vítimas em erro, dano esse produzido ao levá-las, mediante fraude – por exemplo, quanto à existência de obrigações contratuais –, a confidenciar seus dados bancários e a se abster de bloquear os débitos realizados pela "P.-Sociedade Limitada"; o

51. *(N.T.) O autor se refere ao parágrafo do código penal alemão que regula a cumplicidade. Assim, em paráfrase do trecho, significa dizer que a cumplicidade se verifica, em regra, quando o fato principal ainda é uma mera possibilidade e que o ato do cúmplice geralmente se antecipa ao fato principal.

52. Por exemplo, *Hefendehl*, MK-StGB 2. ed. 2014, § 263 nm. 9.

53. *Schröder*, ZStW 60 (1941), 33, 70 nota de rodapé 41; *Kindhäuser*, FS Bemmann, 1997, p. 339.

BGH enxerga uma disposição patrimonial na "aceitação dos débitos" (nm. 22). Embora essa descrição do fato principal deixe a desejar em termos de precisão,[54] interessa aqui apenas que o acusado prestou sua contribuição, qual seja, a efetuação dos débitos, quando a fraude praticada pelos autores principais já se concluíra. A cumplicidade se segue, aqui, ao cometimento (ainda que não à consumação) do fato principal.

De forma adicional às considerações desenvolvidas até aqui, que tinham em vista antes o caso normal do incentivo ao comportamento ainda não concluído de um autor principal, poder-se-ia perguntar se não estaria justificado assumir uma posição ainda mais severa em casos nos quais o ilícito principal representa uma realidade concluída e não uma mera possibilidade. Afinal, inquirir se alguém planeja fazer algo ilícito relaciona-se primeiramente a um dado interno e implica, por isso, arrogar-se muito mais do que inquirir se objetivamente algo ilícito foi realizado. Ao cúmplice é preferível exigir a segunda pergunta à primeira, e isso, sobretudo, quando há indícios fáticos do comportamento ilícito do outro.

Essas considerações são incentivos à reflexão e não podem ser aprofundadas no presente artigo. Por ora, é suficiente concluir que elas oferecem mais uma confirmação para o resultado obtido acima.

VI. Conclusão

Os esforços do BGH no sentido de não punir aquele que facilita um fato principal ilícito alheio, para o qual há apenas uma probabilidade simples, e não uma probabilidade acentuada, merecem, em princípio, aprovação.

A alocação da questão no tipo subjetivo, empreendida pelo BGH, revela-se um tanto confusa; todo o problema da cumplicidade por meio de ações neutras deve antes ser visto como pergunta sobre

54. O ponto de referência para a disposição do patrimônio ou para a ocorrência do dano patrimonial permanece obscuro: comunicação dos dados bancários, aceitação dos débitos, não realização do bloqueio? Tratando-se do primeiro, o fato principal estaria consumado e assim não se poderia mais pensar em cumplicidade (de forma diferente, por óbvio, a jurisprudência alemã, que considera possível a cumplicidade até o exaurimento do delito [Beendigung]; ver, por exemplo, BGH NStZ 1999, 609).

o tipo objetivo da cumplicidade, para o qual também é de relevância, evidentemente, o conhecimento especial (que não é uma grandeza subjetiva).

Mostrou-se, além disso, que o BGH não é claro sobre as razões de sua postura restritiva. Buscou-se, por isso, desenvolver essas razões – especialmente com recurso ao princípio de proteção dos bens jurídicos –, e propor que um auxílio punível só deve ser assumido quando a recusa ao serviço facilitador por parte de quem presta o serviço melhorasse, de forma relevante, a situação do bem jurídico. Não é esse o caso, sobretudo, se um *serviço legal substituto puder ser obtido sem esforço considerável*, isto é, se a utilização desse serviço *não levar sequer a um atraso relevante* do fato principal e se o próprio fato principal apresentar uma *qualidade objetivamente suspeita* que torne arriscado conseguir um cúmplice substituto.

Com base nesses critérios, seria de admitir integralmente, no caso decidido pelo BGH, uma cumplicidade punível: não só os acusados desconfiaram da quota excessiva de débitos bloqueados, mas quaisquer outros prestadores de serviços financeiros a quem estivesse confiada, por sua vez, também desconfiariam da realização dos débitos baseados em contratos fraudulentos. Uma vez que o BGH só afirma uma cumplicidade punível em face, pelo menos, de alta probabilidade do incentivo de um fato principal, tornou-se demasiado fácil para o acusado distanciar-se dos autores principais por ele auxiliados. Ao mesmo tempo, o Tribunal recompensa-o por fazer-se de tolo, enquanto satisfazia de forma conveniente seus interesses negociais.